Lucio Passerini, 1954 in Novara/Piemont geboren, studierte Kunstgeschichte an der Staatlichen Universität Mailand und promovierte 1979. Anschließend machte er weitere Spezialstudien der Archäologie in Mailand und Bologna. Der Autor hat bereits zahlreiche Artikel zur Kultur der Etrusker, zur Geschichte der Keramik und der Archäologie des Mittelalters in Fachzeitschriften veröffentlicht.

Deutsche Erstausgabe 1987
© Droemersche Verlagsanstalt Th. Knaur Nachf., München 1987

Titel der Originalausgabe »Guida all'Italia etrusca«
© 1985 by Marcos y Marcos, Milano, und Verlag Bert Schlender, Wahlsburg
Umschlaggestaltung Adolf Bachmann, Reischach
Umschlagfoto Marcella Pedone/Bavaria
Druck und Bindung Ebner Ulm
Printed in Germany   5   4   3   2   1
ISBN 3-426-04628-8

Lucio Passerini:
Auf den Spuren der Etrusker durch Italien

Aus dem Italienischen von Dagmar Wenzel

Herausgegeben von Timur Schlender

Mit zahlreichen Abbildungen

Wir — der Verlag und der Herausgeber — danken allen, die an der Entstehung dieses Buches mitgearbeitet haben. Besonders **Lucio Passerini** für die Textredaktion, **Emanuela Rodriguez** für die Reiserouten und praktischen Hinweise, **Mario Giavino** für die Kartographien, **Andrea Passerini** für die Zeichnungen und Herrn **Professor Guido Achille Mansuelli** für die Überarbeitung. Ganz besonders aber danken wir **Herrn Marco Zapparoli,** der mit unermüdlichem Einsatz und ständig neuen Anregungen das Buch auf seinem langen Werdegang begleitet hat.

ISBN 3-426-04628-8   980

INHALT

Vorwort 6

Das Entstehen der etruskischen Kultur 7

Zeittafel 11

Die Sozialstruktur 14

Die Religion 16

Die Sprache 18

Die etruskische Kunst 19

Architektur und Städtebau 20

Grabarchitektur 22

Sakral-Architektur: Der Tempel 24

Die Plastik 25

Die Malerei 27

Die Kleinkunst 30

Reiserouten 33

Landkarten 36

Etruskische Orte (alphabetisch) 44

Glossar 149

Ortsverzeichnis 159

VORWORT

In der großen Anzahl von Veröffentlichungen zum Etruskerjahr wird das vorliegende Buch sicherlich seinen Platz finden. Viele dieser Veröffentlichungen werden schnell vergessen sein, einige mit eher wissenschaftlich fundierten Erkenntnissen werden in die Bibliographien aufgenommen werden. Der Zweck dieses Buches ist eindeutig der, praktisch und zweckmäßig zu sein und eine gute, dem heutigen Wissensstand entsprechende Einführung in ein aktuelles Thema zu geben und den Leser zu den Ausgrabungsstätten und Museen in Italien zu führen. Dies zeigt sich auch in der Aufmachung und Illustrierung dieses Buches.

Bei einer seit jeher umstrittenen Thematik mußte der Autor natürlich seine eigene Auswahl treffen und diese dann auch begründen.

Die hier getroffene Auswahl ist also nicht platter Konformismus sondern durch Nachdenken und mit Überzeugung entstanden auch wenn der Autor keinen unumstößlichen Tenor aufstellen wollte und genügend Raum für den Leser ließ, sich seine eigene Meinung zu bilden.

Er hat versucht, phrasenhafte Allgemeinplätze zu vermeiden, die der Allgemeinverständlichkeit eines Textes entgegenwirken.

Und das möchte ich betonen: Es ist keine Schmälerung eines Textes, allgemeinverständlich geschrieben zu sein, wenn man sich von der negativen Seite der Popularwissenschaft fernhält, die, wie ich gesagt habe, phrasenhafte Allgemeinplätze bedeutet. Wenn man, wie hier, mit Umsicht gehandelt hat, ist ein populärwissenschaftlicher Text eine verdienstvolle Sache.

Ein Vorhaben, das Erfolg haben könnte, wenn es in der gleichen maßvollen und vernünftigen Art, wie es begonnen wurde, fortgesetzt wird.

Guido A. Mansuelli

DAS ENTSTEHEN DER ETRUSKISCHEN KULTUR

Um diese kurze Abhandlung über die etruskische Zivilisation richtig einzuleiten, müßte man eindeutig bestimmen, in welchem zeitlichen und geographischen Bereich diese Kultur anzusiedeln ist. Aber für eine allgemeine Bestimmung fehlen sichere Daten und gesicherte geographische Grenzen.

Für die Wissenschaftler stellte lange Zeit der Ursprung der Etrusker ein schwieriges Problem dar, das zur Bildung unterschiedlicher Hypothesen geführt hat.

Geographisch gesehen ist uns die Region, die zwischen den beiden Flußläufen des Arno und des Tiber liegt, als Etrurien bekannt. Aber die etruskische Kultur erstreckte sich über dieses Gebiet hinaus: Es gab auch ein campanisches Etrurien um das Gebiet von Capua und ein padanisches Etrurien, das sich vom Norden des Appennins über die Emilia bis in die Lombardei zog, wo die bis heute nicht wiedergefundene Stadt Melpum lag.

Diese Unklarheiten rühren daher, daß die Etrusker keine eigenen schriftlichen Zeugnisse ihrer Geschichte hinterlassen haben. Alles, was wir wissen, verdanken wir den oft ungenauen Überlieferungen einiger alter griechischer und lateinischer Schriftsteller und den Rekonstruktionen von geduldigen und unermüdlichen Archäologen.

Die wichtigsten antiken Quellen über die Etrusker sind selbstverständlich die Werke der Geschichtsschreiber Livius, Polybios, Tacitus.

Darüber hinaus findet man viele Hinweise verschiedenster Art in den Werken der Enzyklopädisten Dionysios von Halikarnassos und Plinius der Ältere. Es handelt sich dabei jedoch nicht um speziell den Etruskern gewidmete Werke. Die Werke, die sich wahrscheinlich am ausführlichsten mit ihnen befaßten, sind verlorengegangen (''Origines'' von Cato dem Älteren, 2. Jh. v. Chr., und ''Tyrrheniká'' des Kaisers Claudius, 1. Jh.).

Heute scheint das Problem des etruskischen Ursprungs gelöst, und zwar — wie wir sehen werden — durch die Auswertung der Grabungsfunde aus der italienischen Eisenzeit.

Diese Funde haben es ermöglicht, die Widersprüche auszuräumen, die die antiken Quellen aufwarfen.

Nach Herodot (5. Jh. v. Chr.), dem griechischen Historiker, kamen die Etrusker aus Lydien in Kleinasien und wanderten nach einer Hungersnot in die Küstenregionen Italiens ein. Ihr Führer war Tyrrhenos, der Sohn des Königs von Lydien, nach dem das Meer und das Volk benannt sind (die Griechen nannten die Etrusker "Tyrrhener").

Dionysios von Halikarnassos (1. Jh. v. Chr.) behauptete hingegen, daß sie kein eingewanderter, sondern ein einheimischer Völkerstamm gewesen seien.

Eine dritte, im letzten Jahrhundert aufgestellte Hypothese sah das Ursprungsgebiet der Etrusker nördlich der Alpen.

Alle diese Theorien versuchten die Frage nach dem Ursprung der Etrusker dadurch zu beantworten, daß sie feststellten, woher die Etrusker kamen. In Wirklichkeit ist es aber wichtiger, herauszufinden, wie sich ihre ethnische und soziale Einheit und ihre Kultur in Italien herausgebildet haben.

Um dieses Problem richtig anzugehen, ist es notwendig, sich die Randbedingungen vor Augen zu halten, nämlich die Situation in Italien während der Eisenzeit (9. – 8. Jh. v. Chr.) auf der einen Seite und auf der anderen Seite die Außeneinflüsse, die vor allem gegen Ende dieses Zeitraums nachweisbar sind.

Die Herausbildung des etruskischen Volkes vollzog sich im vor- und frühgeschichtlichen Zeitalter. In dem ganzen Gebiet, das wir als Etrurien bezeichnet haben, einschließlich seiner campanischen und padanischen Erweiterung, entwickelte sich im 9. und 8. Jh. v. Chr. eine Kultur, die viele Anzeichen von Homogenität aufwies, auch wenn sie vielleicht keine ethnische Einheit bildete. Diese Kultur war der direkte Vorläufer der späteren etruskischen Kultur. Sie wird Villanova-Kultur genannt. Ihren Namen verdankt sie der Tatsache, daß bei dem nahe Bologna gelegenen Dorf Villanova Ausgrabungen durchgeführt wurden, die zum ersten Mal in umfassender Weise die besonderen Merkmale dieser Kultur aufdeckten. Die Villanova-Kultur kennen wir durch die Funde in unzähligen Nekropolen.

Die aus Gruben bestehenden Einzelgräber, teilweise mit Steinplatten oder Kieselsteinen ausgekleidet, enthalten Aschenurnen aus Terrakotta in bikonischer Form.

In den Gräbern der Frauen hat der Urnendeckel die Form einer Schale mit angefügtem Griff, in denen der Männer einen Helm (Bronze oder Keramik) der wie Metall aussieht. In der Region Latium haben die Urnen oft die Form einer Hütte.

Die Nekropolen erreichen oft eine beträchtliche Größe. Sie wurden über lange Zeit hinweg benutzt und geben uns somit einen Hinweis auf die Ausdehnung und Beständigkeit der Siedlungszentren.

Die Ausstattung der Gräber beleuchtet viele Aspekte des wirtschaftlichen Lebens der Villanovaner. Die Funde von Bernstein aus dem Baltikum und Glasfluß aus dem Orient belegen die Existenz von weitreichenden Handelsbeziehungen, während uns die Metallgegenstände örtlicher Herstellung (Pferdegebisse, Schmuck, Rasiermesser, Arbeitswerkzeuge und Waffen) zeigen, daß die Metallverarbeitung der wichtigste Produktionszweig war. In einem Siedlungsgebiet der Villanovaner bei Bologna wurde ein großer Fund an Bronzegeräten gemacht, die in einem großen Faß eingelagert und wohl zum Einschmelzen bestimmt waren. Die Keramik- und Metallgegenstände sind mit einfachen geometrischen Mustern verziert (in Keramik geritzt oder mit Stanzen aufgeprägt, bei Metall eingeritzt oder getrieben). Die Muster sind so aufeinander abgestimmt, daß sie wiederholbare "Module" ergeben und sich — nicht ohne eine gewisse Strenge — an die Form der Gegenstände anpassen.

Zudem gibt es auch Darstellungen von Tieren und menschlichen Figuren, die sehr vereinfacht sind: Gefäße (Askoi) in

Rinder- oder Pferdegestalt (Tarquinia, Bologna), Terrakotta-figürchen, die als Griff oder zur Verzierung von bestimmten Gefäßen dienen (Pontecagnano).

Außerdem hat man die Spuren von einigen Siedlungen entdeckt, die aus einer beachtlichen Anzahl von aus Holz und Lehm gebauten Hütten mit einem ovalen Grundriß bestanden. Die Siedlungen befanden sich in der Regel auf Anhöhen, die sich unter dem Gesichtspunkt der Verteidigung als vorteilhaft anboten. Die Ausgrabungen ergaben, daß ein großer Teil der Siedlungsgebiete aus der Villanova-Zeit in der darauffolgenden "etruskischen Epoche" eine Weiterentwicklung erfuhren. Diese Kontinuität legt die Schlußfolgerung nahe, daß die Villanova-Kultur nichts anderes als die erste Stufe der etruskischen Kultur war. In der vor-urbanen Stufe finden sich noch keine durchgebildeten politischen Strukturen oder Organisationsformen, die die verschiedenen Siedlungszentren politisch miteinander verbinden; aber sie ist bereits durch eine in der Folgezeit weiter bestehende Wirtschaftsform charakterisiert, die sich auf Landwirtschaft und Metallverarbeitung stützt.

Diese Kulturform erlebte während des 8. und 7. Jh. v. Chr. einen mächtigen und schnellen Aufschwung, der wahrscheinlich auf zwei sich wechselseitig bedingende Umstände zurückzuführen ist: einerseits auf das wirtschaftliche Potential der Metallbearbeitung und des Handels mit Metallen, andererseits auf die neuen Ideen und Waren, die aus Griechenland und dem Orient durch die Vermittlung der griechischen und phönizischen Kolonien und Süditaliens kamen, die auch die Märkte für die in Etrurien hergestellten Handelswaren aus Metall darstellten. Die griechischen Kolonisten führten in Italien das Alphabet ein und brachten mit den für den Handel eingeführten griechischen und orientalischen Waren einen regelrechten Katalog an Anregungen mit.

Diese Vielzahl von Kontakten und Einflüssen begünstigte in Etrurien die Entwicklung einer Kulturform, die über eine gewisse wirtschaftliche Dynamik und über eine differenzierte gesellschaftliche Gliederung verfügte. Dies kann man als Beginn der Reifephase der etruskischen Kultur betrachten: Der Entstehungsprozeß war abgeschlossen, und die großartige Entwicklung, die das 7. und 6. Jh. v. Chr. kennzeichnet, nahm ihren Anfang.

Dieser Zeitraum ist gekennzeichnet einerseits durch die Herausbildung einer kleinen Herrscherschicht, die großen Reichtum anhäufte; andererseits durch die Entwicklung von Städten, die ihren Reichtum den Eisen- und Zinnminen verdankten, vor allem in der südlichen Küstenregion (Caere, Vulci, Tarquinia, Vetulonia).

Diese Periode vom Ende des 8. bis zum Ende des 7. Jh. v. Chr. wird als die orientalisierende Periode bezeichnet wegen der offensichtlichen, eindeutig orientalischen Einflüsse auf künstlerischem Gebiet (aus Kleinasien, Mesopotamien und Urartu). In diesem Zeitraum beginnt die Geschichte der Etrusker, was durch einige wenige, nicht sehr umfangreiche Schriftdenkmäler belegt ist.

Der historische Verlauf der "etruskischen Nation" vom 8. bis zum 1. Jh. n. Chr. soll hier in einer kurzen Zeittafel dargestellt werden:

ZEITTAFEL

---

8. Jahrhundert vor Christus

- Die Villanova-Siedlungen in der Küstenregion des Latiums beginnen sich zu Städten zu entwickeln
- Die chalkidischen Kolonien führen das Alphabet in Italien ein
- Kontakte mit der griechischen und phönizischen Kultur durch die Kolonien in Unteritalien
- 753 Romulus gründet Rom

11

7. Jahrhundert vor Christus

- Entwicklung der Handelswege mit Griechenland und dem Orient; es werden Luxusgegenstände vor allem mit Metall und Bucchero-Keramik getauscht
- Expansion nach Campanien (Capua) und dem Falisker-Gebiet und Latium
- Erste schriftliche Zeugnisse der etruskischen Sprache
- Die etruskischen Städte werden von strengen Oligarchien regiert
- 616   Der Etrusker Tarquinius Priscus wird König von Rom

---

6. Jahrhundert vor Christus

- Höhepunkt der etruskischen Seemacht
- Die Bedeutung der Handelsklasse wächst
- Allianz mit Karthago
- 540   Schlacht von Alalia (Korsika): Etrusker und Karthager besiegen die Kolonien von Phokäa
- 524   Die Etrusker werden von Cumae besiegt
- 509   Tarquinius Superbus, der letzte König von Rom, wird vertrieben
- 504   Porsenna, König von Chiusi, besetzt Rom, wird dann aber bei Ariccia besiegt
- Beginn der etruskischen Expansion Richtung Norden (Padanische Ebene)

---

5. Jahrhundert vor Christus

- Beginn des Niedergangs der Küstenstädte aufgrund des Verlustes der Seemacht und der dadurch heraufbeschworenen Wirtschaftskrise
- Die Bedeutung der Städte im Landesinneren (Chiusi, Volsinii) wächst
- Invasion der Gallier in Norditalien

474 ● Syrakus besiegt die etruskische Flotte bei Cumae

423 ● Capua wird von den Samnitern eingenommen

● Die wachsende Macht Roms beginnt sich auf etruskisches Territorium auszuweiten

406 ● Beginn der römischen Belagerung von Veji

4. Jahrhundert vor Christus

396 ● Zerstörung von Veji

● Felsina wird von den gallischen Bojern eingenommen

374 ● Dionysios I. aus Syrakus verwüstet Pyrgi

● Rom weitet sein Territorium Richtung Norden aus und besetzt einige etruskische Städte

353 ● Niederlage von Caere

351 ● Niederlage von Tarquinia

● Die wirtschaftliche Grundlage der Etrusker ist vor allem wieder die Landwirtschaft, der Handel geht zurück

308 ● Unterwerfung von Tarquinia

3. Jahrhundert vor Christus

● Römische Politik in Etrurien: Die Städte sind dem römischen föderativen System unterworfen, wobei sie eigene Magistrate behalten

280 ● Kapitulation von Vulci

● Gründungen von römischen und latinischen Kolonien in etruskischem Gebiet

273 ● Gründung von Cosa

265 ● Zerstörung von Volsinii Veteres

241 ● Zerstörung von Falerii Veteres

225 ● Die Römer, alliiert mit den Etruskern, besiegen die Gallier bei Talamone und unterbrechen damit die gallische Invasion

218 ● Gründung der latinischen Kolonie bei Piacenza, die erste im padanischen Tal

205 ● Rom erlegt den etruskischen Städten schwerwiegen-
de Tribute zur Finanzierung des afrikanischen Feld-
zugs von Scipio auf

2. Jahrhundert vor Christus

● Viele Angehörige der etruskischen Patrizier-
familien werden Mitglied des römischen Senats
● Die Latifundien breiten sich in Etrurien aus
196 ● Sklavenaufstand
● Immer mehr römische Kolonien werden gegründet
(Bologna, Pisa, Parma ...)

1. Jahrhundert vor Christus

90-88 ● Die etruskischen Städte werden Municipien und erhalten römisches Bürgerrecht

1. Jahrhundert nach Christus

27 ● Augustus gründet das "Reich VII — Etrurien" im
Zuge der politisch-administrativen Neuordnung Italiens

DIE SOZIALSTRUKTUR

In der etruskischen Gesellschaft hatten die herrschenden Fa-
milien der verschiedenen Siedlungszentren eine grundlegende
Funktion. Sie bildeten die Aristokratie, die als regierende
Schicht die politische und militärische Macht in den Städten

ausübte. Sie wurde von auf Zeit gewählten Beamten unterstützt. Die starke etruskische Aristokratie hielt alle Macht in ihren Händen und übte sie so aus, daß die Unterklassen strikt geteilt blieben (in Handwerker, Bauern und Sklaven).

Jede Stadt bildete mit ihrem Territorium ein unabhängiges politisches Zentrum, das von einem Fürsten regiert wurde.

Die Herrschaft der Monarchien ging gegen Ende des 6. Jh. v. Chr. in die Hände kleiner städtischer Oligarchien über, deren Macht zurückging, als die politische Oberherrschaft über die etruskischen Städte an die Römer fiel.

Die bedeutendsten Städte waren in einer Konföderation organisiert, dem Zwölf-Städte-Bund (Dodekapolis), die jedoch einen eher lockeren politisch-militärischen Zusammenschluß darstellte und der gemeinsamen Bedrohung durch Rom eigentlich nichts entgegensetzen konnte. Aus einigen epigraphischen Hinweisen geht hervor, daß die Konföderation über ein gewähltes Oberhaupt verfügte, dem ''zilath' mechl rasnal'', der von den Römern ''Praetor Etruriae'' genannt wurde. Jedes Jahr trafen sich die Bürgermeister des Zwölf-Städte-Bundes in einem dem Schutzgott der etruskischen Konföderation geweihten Heiligtum, dem ''Fanum Voltumnae'', das, wie man vermutet, in der Nähe von Volsinii Veteres (Orvieto) lag. Hier feierte man religiöse Riten und hielt Spiele ab. Im großen und ganzen ist das Bild, das wir uns von der etruskischen Gesellschaft machen können, das einer ziemlich unflexiblen Gesellschaftsstruktur, die nicht über ein ausgeprägtes Bewußtsein staatlicher Einheit verfügte oder zumindest kein Interesse daran hatte, einen einheitlichen politischen Willen zum Tragen zu bringen. Dieses Verhalten liegt wahrscheinlich im religiösen Weltbild der Etrusker begründet, wonach jedes menschliche Handeln dem göttlichen Willen unterzuordnen sei.

DIE RELIGION

Durch Sprachdenkmäler am besten dokumentiert ist der religiöse Aspekt der etruskischen Kultur.

Die umfangreichsten uns überlieferten Schriftdenkmäler enthalten rituelle Texte. Es sind zwei, das "Liber linteus etruscus", (die sogenannte Agramer Mumienbinde 2.-1. Jh. v. Chr.), aufbewahrt in Zagreb (ab 1985: in Perugia) und die Tontafel von Capua (5. Jh. v. Chr.), die in Berlin (Ost) aufbewahrt wird.

Weitere Aufschlüsse geben uns einige lateinische Schriftsteller (Livius, Marciano Capella), die auf rituelle Bücher der etruskischen Religion hinweisen.

Nach etruskischer Auffassung war für die Gottheiten die Welt der Ort, wo sie durch besondere Zeichen ihren Willen kundtun, die die Kultpriester deuten müssen. Die Zeichen der Götter erhielten sie durch das Beobachten von Tiereingeweiden (Haruspicium = Leberschau), das Beobachten der Blitze (Ars fulguratoria) und des Vogelfluges (Auspicium = Vogelschau). Jedes menschliche Handeln wird von der Befragung des göttlichen Willens und von der Durchführung komplizierter Versöhnungsriten abhängig gemacht. Dem menschlichen Handeln wurde kein freier Raum gelassen, und es scheint au keine klare sittliche Vorstellung über Gut und Böse existiert zu haben. Sie beurteilten ihre Handlungsweise ausschließlich danach, ob sie mit dem göttlichen Willen übereinstimmte oder nicht. Der Himmel ist der Platz der Götter, der in Sektoren für die verschiedenen Gottheiten aufgeteilt ist, die ihren Platz nach einer bestimmten rituellen Ausrichtung erhielten: Den nord- und westwärts gerichteten Zonen wurde eine feindselige und den süd- und ostwärts gerichteten eine wohlwollende Bedeutung zugesprochen.

Diese Unterteilung findet man auf der Erde wieder, denn Tempelbauten und Stadtanlagen sind immer nach einer bestimmten Himmelsrichtung ausgerichtet.

Alle etruskischen Kultvorschriften, einschließlich der Begräbnisriten, bilden zusammen die "Disciplina Etrusca", von der wir durch heute nicht mehr vorhandene religiöse Bücher Kenntnis haben, auf die Livius und Dionysios von Halikarnassos hinwiesen. Diese Bücher hatten einen bemerkenswerten Einfluß auf die Religion der Römer.

Als Folge des engen Kontakts mit der griechischen Kultur wurde die Individualisierung der etruskischen Gottheiten gefördert, und es bildeten sich Ähnlichkeiten zu den Gottheiten des griechischen Pantheon heraus. Auch die mythologischen Szenen, die in der etruskischen Kunst zu finden sind, sind zum großen Teil der griechischen Mythologie entnommen.

Das Jenseits beschränkte sich für die Etrusker auf ein Weiterleben nach dem Tode an einem anderen Ort, deshalb wurde die Ruhestätte des Verstorbenen soweit wie möglich seiner Wohnstätte nachempfunden (Cerveteri, Tomba dei Ribievi). Der Verstorbene ist von Gegenständen, die er im Leben besaß und benutzte, begleitet und neben seiner Familie begraben. Nur in einigen Gebieten (Bologna, Volterra, Chiusi) findet man anstelle von Familiengräbern Einzelgräber.

In der orientalisierenden und archaischen Periode zeigen die Wanddekorationen der Kammergräber (Tarquinia) Szenen aus dem geselligen Leben: Spiele, Tänze, Festmahle. In hellenistischer Zeit erscheinen dann grausige Darstellungen, die das Jenseits als Strafe erscheinen lassen.

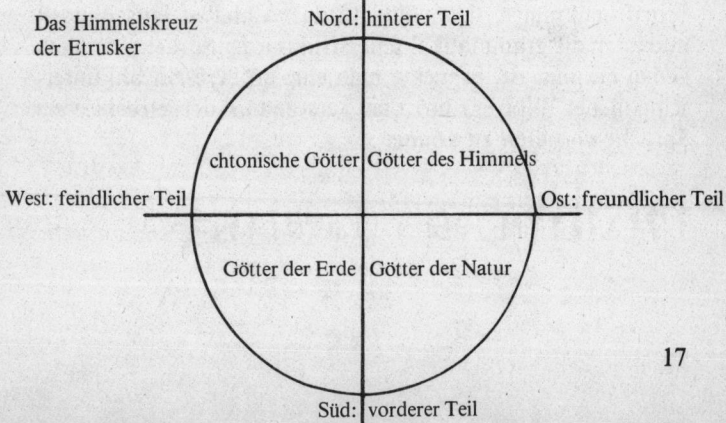

Das Himmelskreuz der Etrusker

Nord: hinterer Teil

chtonische Götter | Götter des Himmels

West: feindlicher Teil

Ost: freundlicher Teil

Götter der Erde | Götter der Natur

Süd: vorderer Teil

DIE SPRACHE

Die etruskische Sprache gehört nicht zum indoeuropäischen Stamm wie die wichtigsten Sprachen des klassischen Altertums, das Griechische und Lateinische.

Ihr Ursprung liegt im dunkeln (vielleicht hat sie sich in einer sehr frühen Zeit in Italien herausgebildet), und zum Teil ist uns auch die Bedeutung einiger überlieferter Schriftdenkmäler unbekannt. Als um 800 v. Chr. von nordgriechischen Kolonien in Italien das Alphabet eingeführt wurde, übernahmen es die Etrusker und paßten es den phonetischen Bedürfnissen der eigenen Sprache an. Auf den ältesten epigraphischen Zeugnissen läuft die Schrift meist von rechts nach links, manchmal jedoch auch "bustróphedon" (d. h. "wie der Ochse pflügt" und bedeutet der Text ist abwechselnd rechts- und linksläufig geschrieben. Anm. d. Ü.).

Leider sind uns nur wenige und sehr spezielle Schriftdenkmäler erhalten geblieben: Grabinschriften, religiöse Widmungen (die Goldbleche von Pyrgi), Texte religiösen Inhalts (die Agramer Mumienbinde, die in Perugia ½ früher in Zagreb²/₃ aufbewahrt wird und Elemente eines liturgischen Kalenders zeigt); die Tontafel von Capua, heute in Berlin (Ost) oder Texte juristischen Inhalts (der sogenannte Cippus Perusinus — Cippus = Steinblock —), auf dem ein Eigentumsvertrag für ein Stück Boden verzeichnet ist). Es fehlen literarische Schriftdenkmäler; denn obwohl das Alphabet entschlüsselt und auch die grammatikalische Struktur der Sprache ziemlich genau erkannt ist, bräuchte man eine größere Anzahl unterschiedlicher Wörter, um das Verständnis der etruskischen Sprache vertiefen zu können.

ᛉ�φχᛉᛏ)ᛉᛈᛘᛋ₀⊞ ᛐᛤᛰᛝᛳ⊛ᗺᛁᛝᛉ₀ᛃᛰᗅ

DIE ETRUSKISCHE KUNST

Die etruskische Kunst ist geprägt von verschiedenen formalen Einflüssen: zum Teil von außen kommend (Griechenland, östlicher Mittelmeerraum, Ägypten) und zum Teil im Lande selbst durch die verschiedenen italischen Kulturen, mit denen Etrurien Kontakt hatte. Ab dem 8. Jh. v. Chr. erlangte die etruskische Kunst ihre typischen Merkmale. Lokale Unterschiede drücken sich in den unterschiedlichsten Formen aus, was auf den fehlenden Zusammenhang einer "etruskischen Nation" zurückzuführen ist. Einige Siedlungen fallen durch die Herstellung von ganz bestimmten Gegenständen auf (z. B. die typischen Kanopen von Chiusi) oder durch ihre Vorliebe für bestimmte handwerkliche Techniken (z. B. die Malerei von Tarquinia). Um die etruskische Entwicklung der figürlichen Darstellung und Plastik zu begreifen, muß man sich die Rolle, die die griechischen Vorbilder spielten, klar-machen. Die griechische Kunst lieferte formale Vorbilder und gab Anstoß für Gestaltung und Verzierung. Im Wesen bleibt das griechische ästhetische Ideal, das sich durch große Strenge in der Form ausdrückt, dem etruskischen Empfinden jedoch fremd, das einen engen Bezug zu den mannigfaltigen täglichen Erfahrungen hat. Die etruskische Kunst liebt üppige Verzierungen und kennt die eindringliche Rhetorik der formal-feierlichen Kunst der Griechen nicht. Sie erschafft einfach gegliederte Kompositionen, vernachlässigt oder entstellt gewisse Elemente und ist eher volkstümlich. Dies macht sie jedoch nicht minderwertig, sondern zeigt die nahe Beziehung zum zeitgenössischen Empfindungsvermögen.

Die Epochen der etruskischen Kunst

Villanova-Zeit	9. – 8. Jh. v. Chr.
Orientalisierende Zeit	7. Jh. – ca. 550 n. Chr.
Archaische Zeit	ca. 550 – 350 v. Chr.
Hellenistische Zeit	3. – 1. Jh. v. Chr.

ARCHITEKTUR UND STÄDTEBAU

Wie bereits anfangs erwähnt, haben sich aus den frühen Siedlungen der Villanovaner, die mit Vorliebe auf isolierten Höhen lagen und relativ autonom und gut zu verteidigen waren, die Städte der Etrusker entwickelt und ausgebreitet. Von diesen Städten gibt es keine ausreichenden archäologischen Befunde, um die Stadtanlagen rekonstruieren zu können. Meistens haben diese Siedlungen in der römischen, dann mittelalterlichen und modernen Zeit weiterbestanden, und die etruskischen Spuren sind ganz allmählich durch neue Bauten verwischt worden. Von einigen Zentren jedoch, die bereits in der etruskischen Epoche nach einer begrenzten Zeit der Nutzung verlassen wurden (Acquarossa, Poggio Civitate, Marzabotto, Spina), konnten durch Ausgrabungen genügend Anhaltspunkte gesammelt werden, um sich ein Bild von den etruskischen Städten und ihren Bauten zu machen.

Die Städte sind meistens nicht planmäßig angelegt, und es scheint auch keine typischen Versammlungsstätten — den Foren der Römer vergleichbar — gegeben zu haben. Die sakralen Bauten befanden sich alle entweder auf dem höchstgelegenen Teil der Stadt (Akropolis) oder am Rande der Stadt. Eine planmäßige Anlage mit schachbrettartigem Straßennetz läßt die im 5. Jh. v. Chr. gegründete Stadt Marzabotta erkennen, die vermutlich nach einem Plan des griechischen Architekten Hippodamos aus Milet ausgeführt wurde.

Auch die Stadt Spina hatte eine planmäßige Anlage. Sie ist vor allem wegen ihrer Lagunenlage interessant. Sie war von Kanälen durchzogen, und die auf Holzpfählen stehenden Häuser waren entweder aus Holz oder aus mit Lehm bedecktem Rohrgeflecht gebaut.

Von den nicht-sakralen Monumentalbauten sind in einigen Städten nur noch Reste von Steinmauern erhalten (Cortona, Volterra, Roselle ...), die in der Regel aus großen, unregelmäßigen, quadratischen Blöcken bestehen, wie die Stadttore von

Volterra (Porta dell' Arco) und Perugia (Porta Marzia) aus hellenistischer Zeit.

Die frühesten etruskischen Häuser entstanden im 8. Jh. v. Chr. als einfache Lehm- und Holzhütten mit einem ovalen Grundriß (s. Giovenale, Caere, Veji, Tarquinia). Die kleinen Modelle aus Ton oder Metall, die als Aschenurnen dienten, zeigen uns, wie sie wahrscheinlich ausgesehen haben.

Später ging man dann dazu über, rechteckige Häuser mit drei nebeneinander liegenden Räumen zu bauen, die sich zu einem Atrium öffneten (Acquarossa, 7.–6. Jh. v. Chr.). Die Mauern waren entweder aus Stein oder aus einem mit Lehm bedeckten Rohrgeflecht; die Dächer waren mit Tonziegeln bedeckt und hatten oft farbige und verzierte Antefixe (Stirnziegel).

Eine besonders interessante Ruine befindet sich in Murlo, Poggio Civitate, nahe Siena. Es ist ein quadratischer Gebäudekomplex, an dessen Innenseiten sich die Räume zu einem laubenganggesäumten Innenhof hin öffnen. Das Gebäude stammt aus dem 6. Jh. v. Chr. und war reich mit Architektur-Terrakotten geschmückt, die gegen Ende des 6. Jh. v. Chr. verschüttet wurden, als das Gebäude bis auf die Grundmauern zerstört wurde.

Bemerkenswert ist hier die Art der architektonischen Gliederung des Gebäudes, die auf einen Zentralpunkt — den Hof — ausgerichtet ist.

Diese Bauweise findet man auch bei zahlreichen etruskischen Kammergräbern aus spät-archaischer Zeit wieder, die, wie wir wissen, den Wohnhäusern vornehmer Verstorbener nachgebildet wurden (Cerveteri, Tomba dei Capitelli und Tomba degli Scudi).

GRABARCHITEKTUR

Die etruskischen Bestattungsbräuche veränderten sich im Laufe der Zeit, was wir mit ziemlicher Genauigkeit verfolgen können.

Vor allem, als die Villanova-Periode in die orientalisierende überging, veränderte sich der Brauch der Leichenverbrennung (jedoch nicht überall in Etrurien) zur Leichenbestattung, und die in Gruben aufgeteilten Einzelgräber mit ihren bikonischen Urnen wurden von Familiengräbern abgelöst.

In dieser Zeit beginnt man auch mit einem Gräberbau, der in seinem Innern an die Häuser der Lebenden erinnert, dem sogenannten Tumulus- oder Hügelgrab. In einigen Fällen sind die Häuser bis in kleinste Einzelheiten nachgebildet, wie zum Beispiel im Grab der Rilievi in Cerveteri, wo auch kleinste Einrichtungsgegenstände als Flachrelief aus den Mauern herausgearbeitet sind.

Das Tumulusgrab, das von einer Ringmauer umgeben ist, ist ein Hügelgrab und besteht aus einer oder mehreren Totenkammern mit einem Grabzugang (Dromos). In Cerveteri sind die Totenkammern vollkommen aus dem Tuffstein herausgehöhlt. In Vetulonia, Quinto Fiorentino, Casal Marittimo, findet man Tholosgräber. Die Grabkammern sind hier aus Stein und Ziegel gemauert, haben einen Mittelpfeiler und sind mit einem Kraggewölbe bedeckt.

Die Epoche der großen Hügelgräber ist auch die Epoche der großen aristokratischen Familien, die Reichtum und Macht errangen.

In der archaischen Zeit überwiegen kleinere Grabkonstruktionen, die in den verschiedenen Gebieten sehr unterschiedlich aussehen.

Aedicula-Grab: ein rechteckiges kleines Haus aus Stein mit einem Satteldach (Populonia).

Hypogäum-Grab (Hypogäum = unterirdische gewölbte (Grabanlage): aus dem Tuffstein gehauene Kammergräber.

Fossa-Grab (Fossa = Grube): Gruben für Körperbestattung, durch verzierte Stelen oder Cippen gekennzeichnet (Bologna, Marzabotto).

Im Innern von Etrurien fand man eine besonders interessante Begräbnisarchitektur, die Felsennekropolen. Die Gräber sind hoch über den Tälern in die steilen Felswände gehauen.

Während der archaischen Zeit findet man vor allem in Blera und S. Giovenale folgende Grabtypen:

Würfelgrab: Ein "Würfel" ist mehr oder weniger tief aus dem Felsen herausgearbeitet und im oberen Teil mit Randprofilen verziert, die Fassade ist mit einer Tür versehen, die anfangs als Eingang diente, während sie später (ab 4. Jh. v. Chr.) nur eine Scheintür ist. Den oberen Abschluß bildet eine Plattform für die Totenkult-Feiern.

Grab mit Giebeldach: Es ist ähnlich gestaltet wie das Würfelgrab, das Giebeldach hat aber an seinen Außenseiten zwei geneigte Blätter als Verzierung.

Portikus-Grab: Es hat eine aus der Felswand herausgeschlagene Grabfassade mit einer Tür, über der sich eine offene Loggia mit Säulen befindet. Die meist rechteckigen Grabkammern haben aus den Seitenwänden herausgearbeitete Leichenbänke und eine Bank für die Grabbeigaben im hinteren Teil. Es gibt diese Grabform auch in anderen Varianten.

Die Würfelgräber wurden während der hellenistischen Epoche an den Fassaden reich verziert, und die Grabkammern, begehbar durch einen Eingang (Dromos), sind unter dem Würfel miteinander durch einen Gang verbunden.

Die einzigen Gräber ihres Typs sind die beiden Tempelgräber in Norchia, deren aus dem Felsen geschlagene Fassaden einem Tempel nachgeahmt sind.

Auch die Felsengräber sind als letzte Ruhestätten der Wohnstätte nachempfunden, aber im Gegensatz zu den unterirdischen Kammergräbern, die das Innere der Häuser wiedergeben, beschränken sie sich auf die äußere Fassade.

SAKRAL-ARCHITEKTUR: DER TEMPEL

Die Etrusker bauten ihre Tempel nicht wie die Griechen aus Stein und Marmor, sondern aus leicht vergänglichem Material wie Holz und gebranntem Ziegel. Aus diesem Grund hat kein etruskischer Tempel der Zeit bis heute standgehalten. Übriggeblieben sind nur einige Fundamente und Grundmauern und viele Reste von Architektur-Terrakotten.

Nach der kanonischen Beschreibung von Vitruvius (1. Jh. v. Chr.) waren die drei nebeneinander liegenden rechteckigen Haupträume (Cella) des etruskischen Tempels, der sich auf einer Plattform erhob, durch eine Treppe erreichbar. Der Tempel hatte eine große Vorhalle mit zwei weit auseinander stehenden Säulenreihen. Das Gebäude hatte ein breites Dach mit zwei oder drei geneigten Seiten. Hier waren die meisten Dekorationselemente angebracht: Es gab Akrotèr-Figuren, Antefixe, Randprofile und verzierte Ziegel (Antepagmento) für den Giebel, der offenblieb.

In hellenistischer Zeit wurde im Giebel des Tempels, wie bei den Griechen, eine in sich geschlossene Szene in Terrakotta-Hochrelief dargestellt. Diesem Aufbau ist der BelvedereTempel von Orvieto sehr ähnlich. Es gibt aber auch viele Abwandlungen, z. B. gibt es oft nur eine Cella, die dann von

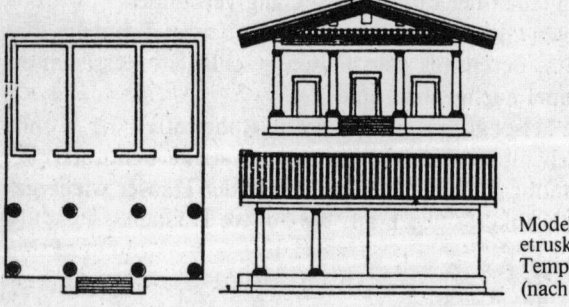

Modell eines
etruskischen
Tempels
(nach Vitruvius)

zwei bedachten Seitengebäuden flankiert werden kann. Die frühesten Tempel sind einfache rechtwinklige Gebäude.

Von vorne gesehen, wirkte der etruskische Tempel insgesamt eher gedrungen, was noch durch die überreiche und bemalte Dekoration des Daches verstärkt wurde.

DIE PLASTIK

Die etruskische Plastik war hauptsächlich zur Ausschmückung der Tempel und der Begräbnisstätten gedacht.

Die Tempelplastiken sind überwiegend aus Terrakotta. Es gab Gottheiten darstellende Großplastiken, die auf dem Dach aufgestellt wurden (Veji), Flachreliefplatten, die einen Fries bildeten, verzierte Ziegel (Antepagmenta) und in hellenistischer Zeit Hochreliefs für die Giebel.

Die Grabplastiken sind außer aus Terrakotta oft auch aus Stein (Tuffstein, Kalkstein, Sandstein und Alabaster).

Ein besonderer Platz gebührt der Bronzeplastik. Die Etrusker, deren Ökonomie sich vor allem auf die Metallverarbeitung stützte, waren ohne Zweifel fähige Metallgießer, und sie realisierten viele Bronzestatuetten (Plinius erzählt, daß die Römer, als sie Volsinii eroberten, über 2000 Bronzestatuetten erbeuteten). Leider sind nur wenige vor dem Umschmelzen bewahrt geblieben.

Die wenigen noch existierenden Großplastiken, der "Mars von Todi" (Museo Gregoriano Etrusco im Vatikan) und der sogenannte "Arringatore" (= Redner), der in Florenz zu sehen ist, sind besonders herausragende Beispiele der etruskischen Plastik.

Die frühesten Rundplastiken tauchen im 7. Jh. v. Chr. auf. Ihre strenge Struktur, ihre Ausrichtung nach vorne, ihre einfachen Formen wirken durch ihren symmetrischen Aufbau feierlich. Sie erinnern an den ältesten Stil der griechischen Skulptur, die Dädalische Kunst. Bereits im 7. Jh. v. Chr. setzt sich als besonders typisches Element das Interesse für den Menschen durch.

Die Grabstele Avle Feluske, in Florenz aufbewahrt, zeigt als einzige Figur die eines Kriegshelden.

Die "Kanopen" von Chiusi entwerfen Bilder von plastischer und ausdrucksstarker Dichte, in der sich einzelne Details in sehr dekorativer Art mit realistischen Elementen verbinden. Die Liegefiguren der Verstorbenen auf den Deckplatten der Sarkophage — modelliert oder herausgearbeitet — lassen eine Weiterentwicklung erkennen.

Diese Plastiken nehmen einen besonderen Rang in der etruskischen Bildhauerkunst ein und sind der Wegbereiter der römischen Porträtkunst.

Angefangen bei dem berühmten "Ehepaarsarkophag" aus Cerveteri (Ende des 6. Jh. v. Chr.), der einerseits an den ionischen Stil der griechischen Bildhauerkunst erinnert, diesem andererseits aber mit seiner weichen Modellierung der Körperformen widerspricht, bis zu den Steinsarkophagen von Tarquinia, den Urnen von Volterra und dem Terrakotta-Sarkophag von Chiusi (Mitte 1. Jh. v. Chr.), der mit lebhaften Farben bemalt ist (heute in Florenz).

Vor allem die eindringliche Ausdrucksform der etruskischen Plastik zeigt, daß sie die künstlerische Darstellung nicht als Problem der Umformung in ästhetische Ideale begreift, sondern Materie als Ausdrucksmittel gestalten will, um die menschlichen Emotionen, das Leben und den Tod darzustellen.

Für die etruskischen Bildhauer war der Kontakt mit der griechischen Kunst bedeutend, denn wahrscheinlich übernahmen sie Motive der griechischen Vasenmalerei für ihre Großplastiken aus Terrakotta. Die Skulpturen mit mythologischem Thema waren meistens für die Ausschmückung der Tempel bestimmt. Der strenge und organische Aufbau der Formen, der der griechischen Kunst eigen ist, scheint sich in Verzierungen aufzulösen oder eine Verfremdung im Ausdruck anzunehmen.

Die Akrotér-Statuetten des Portonaccoi-Tempels in Veji (Ende 6. Jh. v. Chr.) wird der Schule des Vulca von Veji zugeschrieben, dem einzigen uns namentlich bekannten etruskischen Künstler. Die Einflüsse der griechischen Kunst sind an diesem Beispiel am eindringlichsten dargestellt.

Der etruskische Geist erfaßt die tiefere Bedeutung der griechischen Kunst der klassischen Epoche nicht (5. Jh. v. Chr.). Nur in sehr oberflächlicher Weise scheint die Entwicklung der etruskischen Künstler von ihr beeinflußt, wie bei dem "Mars von Todi". Die hellenistische Epoche lieferte den Skulptoren erneut Anregungen, die sie bereitwillig aufnahmen und umsetzten: in eindringlichen Ausdrucksformen, überladenen und lebhaften Kompositionen und üppigen Formen.

DIE MALEREI

Die etruskische Malerei kennen wir hauptsächlich aus den Gräbern von Tarquinia und aus einigen Gräbern in Chiusi, Veji und Vulci. Es handelt sich hier um das absolut größte Vermächtnis antiker Malerei, das wir kennen, und ist nicht vergleichbar mit der griechischen und römischen Malerei.

Die etruskische Malerei ist vor allem Wandmalerei. Die Wände der in den Tuffstein gehauenen Kammergräber wurden einfach geglättet oder mit Verputz versehen, in die der Künstler erst eine Skizze einritzte, die er dann farbig ausmalte.

Die Farben wurden aus Erde, Mineralien und Pflanzen gewonnen und waren Weiß, Gelb, Ocker, Rot und Schwarz.

Die ersten innen bemalten Gräber tauchten Ende des 7. Jh. v. Chr. auf (Veji, Tomba delle Anatre, Tomba Campana).

Durch zahlreiche wichtige Zeugnisse am Besten dokumentiert ist jedoch die Zeit zwischen Mitte des 7. Jh. v. Chr. und Anfang des 5. Jh. v. Chr.

Die Maltechnik ist gekennzeichnet durch schwarz vorgezeichnete Umrisse der Figuren, die dann gleichmäßig mit Farbe grundiert wurden. Nur die einfachen Verzierungselemente wurden direkt mit Farbe aufgemalt. In der etruskischen Malerei dominiert die figürliche Darstellung, die Umgebung ist meist mit nur wenigen Elementen angedeutet und soll eher dekorieren als natürlich wirken. Nur in dem Grab "Caccia e Pesca" in Tarquinia (ca. 500 v. Chr.) ist eine Landschaft zentraler Bestandteil der Darstellung.

Der Aufbau der Bilder ist einfach und durch den regelmäßigen Wechsel bestimmter Formen gekennzeichnet. Die Figuren sind meist im Profil dargestellt und auf einer einzigen Grundlinie aneinandergereiht. Die Bilder sind lebhaft und fließend und nehmen es mit den exakten Proportionen oft nicht so genau, was ihre Ausdrucksstärke jedoch nicht beeinträchtigt. Hauptsächlich sind Szenen aus dem täglichen Leben dargestellt: Festessen, Spiele und Tänze, in denen man den Einfluß der griechischen Vasenmalerei wiedererkennen kann, die die Etrusker durch importierte Keramik kannten (Tomba della Nave, Tarquinia). Trotz allem bleibt der typisch etruskische Stil erkennbar — das aufmerksame Beobachten von Einzelheiten und realistische Ausdrucksformen (Tomba della Scimmia, Chiusi; Tomba dei Giocolieri, Tarquinia). Eine andere Art der Innenraumbemalung scheint die Darstellung von Illusionen zu sein.

Im Grab des "Cacciatore" in Tarquinia (ca. 490 v. Chr.) täuscht die Bemalung der Totenkammer das Innere eines Zeltes vor, verschönt mit Gegenständen und Beutestücken, die an Pfeilern hängen, und das Zeltdach wirkt wie Stoff. Eines der jüngeren Gräber (Tomba Giglioli, Ende 4. Jh. v. Chr.) ist ähnlich ausgemalt, verziert mit Schilden und anderen Waffen, die an großen Nägeln hängen.

Nach einer wenig fruchtbaren Zeit, die von der Mitte des 5.

bis Mitte des 4. Jh. v. Chr. dauerte, erlebte die etruskische Malerei in der hellenistischen Epoche eine neue Blüte.

Die "Tomba dell' Orco" und "Tomba degli Scudi" in Tarquinia (ca. 330 v. Chr.) zeigen zum ersten Mal, zwar noch etwas unbeholfen, die Beherrschung der Perspektive, die räumliche Wiedergabe und die Suche nach ausdrucksstarken Gesichtszügen. Die Spielszenen werden von melancholischen Bildern mit dämonischen Figuren abgelöst.

Die Malereien im Grab "François di Vulci" (2. Hälfte 4. Jh. v. Chr.) verdienen aus vielen Gründen Interesse.

Die Neuerungen in der griechischen Kunst wurden übernommen und führten zu einer Weiterentwicklung der Maltechnik. Es gab nicht mehr nur kolorierte Zeichnungen, sondern Malerei in reich nuancierten Farbmischungen. Das Thema der Darstellung ist nach hellenistischer Art. Eine mythologische Szene (trojanische Gefangene werden Achilles geopfert) und eine legendäre historische Szene (Schlacht zwischen Etruskern und Römern) werden zusammen mit den Abbildungen von einigen zeitgenössischen Persönlichkeiten dargestellt, wovon eine Vel Saties ist, der in diesem Grab bestattet und mit einer Toga bekleidet ist, die den Siegern eines Krieges vorbehalten war.

Die legendäre historische Szene scheint die historischen Darstellungen der römischen Kunst vorwegzunehmen.
Das Bildnis des Vel Saties, das sich in die traditionelle und für die etruskische Kunst typische Porträtdarstellung einordnet, ist das älteste bekannte Bildnis einer Person jener Zeit.

DIE KLEINKUNST

Die Keramik

Der Beginn der orientalisierenden Phase fällt ungefähr mit dem Wechsel der Herstellungsart von handgeformten Gefäßen aus grobgereinigtem Ton zu auf der Töpferscheibe gedrehten Gefäßen aus feingereinigtem Ton in der Gegend von Cerveteri und Tarquinia zusammen. Diese Gefäße übernahmen griechische Keramikformen und ließen sich auch in der dekorativen Bemalung von den griechischen geometrischen Mustern inspirieren, allerdings ohne ihre formale Strenge zu übernehmen. Gegen Ende des 7. bis zu Beginn des 6. Jh. v. Chr. wurden in Cerveteri und Vulci Amphoren hergestellt, die wegen ihrer Ähnlichkeit mit griechischen Formen "etruskisch-korinthisch" genannt wurden. Die Amphoren sind mit zahlreichen Tierfriesen, die das Gefäß dicht überziehen, verziert. Die besonders herausragende und typische Art der etruskischen Keramik war in der orientalisierenden und archaischen Zeit die Bucchero-Keramik. Die Vielzahl der Formen der Bucchero-Keramik zeugt von der überschäumenden Phantasie der etruskischen Töpfer. Durch die Produkte Griechenlands und des Orients gewannen sie eine Vielzahl bildlicher Eindrücke, die sie abänderten und umgestalteten. Auch in der Folgezeit blieb die Keramik in der Form wie in dekorativen Mustern von der griechischen abhängig. Sie stellten rotfigurige Vasen in Volterra, Orvieto und Chiusi her, deren Bemalung von griechischer Mythologie und etruskischen Legenden erzählte, die je nach Gebiet und Zeit von unterschiedlicher Qualität waren.

Besonders interessant sind die Keramiken des sogenannten "Malers" der Vanth-Gruppe aus Orvieto, die besonders anschaulich Szenen aus dem Jenseits darstellen (Ende 4. Jh. v. Chr.), die sich weitgehend von den griechischen Vorbildern gelöst haben.

Die Vasen des Zeitgenossen Falerii Veteres, die in Rom in der Villa Giulia aufbewahrt werden, hielten sich dagegen stark an die hellenistischen Vorbilder.

Die Bronzeverarbeitung

Die Bronzegegenstände wurden sehr unterschiedlich hergestellt. Technisch gesehen, muß man zwischen in Form gegossenen Arbeiten und denen, die aus dünnem Metallblech hergestellt wurden, unterscheiden.

Mit der Methode der Metallgießerei stellte man die Votivstatuetten her, die Spender-, Krieger- oder Götterfiguren darstellten. Sie sind in großer Anzahl in vielen Nekropolen und Tempelzonen gefunden worden und sind von sehr unterschiedlicher Qualität. Manche Bronzefiguren haben wenig differenzierte Körper, und einige sind kleine vollendete Meisterwerke mit besonders ausgeprägter und sorgfältiger Modellierung nach griechischem Vorbild. Es gibt auch Formen der freien und experimentellen Stilisierung, wie die fadenförmigen Bronzen von Volterra (3. Jh. v. Chr.).

Auch die Henkel und Füße an den Cisten und anderen Metallgefäßen und die schmückenden Figuren der Kandelaber wurden gegossen.

Die mit Gravuren versehenen oder gehämmerten Bronzeplatten wurden in der orientalisierenden Phase für die Becken mit

Protomen in Tiergestalt verwendet, die analog Gefäße aus Armenien (Urartu) imitierten.

Außerdem wurden sie für Schmuckbleche verwendet, die an Paradewagen gehängt wurden, für Helme und für die Herstellung von Cisten, die in hellenistischer Zeit für die Stadt Preneste typisch waren, sowie für runde Spiegel mit zierlichen Griffen, die auf der Oberseite glänzend und auf deren Rückseite Darstellungen eingraviert waren. (Herstellung vor allem vom 6. bis 4. Jh. v. Chr.)

Die Goldschmiedekunst

Ihre höchste Blüte erreichte die Goldschmiedekunst in der orientalisierenden Phase.

Allein die fürstlichen Ausstattungen der Gräber Bernardini und Barberin in Palestrina und Regolini Galassi in Cerveteri genügen, um die exzellente Goldschmiedekunst der Etrusker zu beweisen.

Erstaunlich ist die Vielzahl der Metallbearbeitungstechniken, die benutzt wurden, wie die Treibtechnik, die Filigranauflagen und die Granulierung. Außerdem ist an vielen dekorativen Elementen die Anlehnung an orientalische Muster bemerkenswert.

Elfenbeingegenstände

In orientalisierender Zeit enthielten viele Gräber Elfenbeingegenstände aus etruskischen Werkstätten: kleine Gefäße, Fächer, Kämme etc. Ihr Stil erinnert an analoge Gegenstände aus östlichen Werkstätten; diese Gegenstände zeigen uns die Existenz eines Handelsweges für Elfenbein nach Etrurien.

REISEROUTEN

Um dem Besucher die Suche nach den ausgewählten Stätten zu erleichtern, zeigen wir hier einige Reiserouten mit den interessantesten archäologischen Plätzen .

Das padanische Etrurien

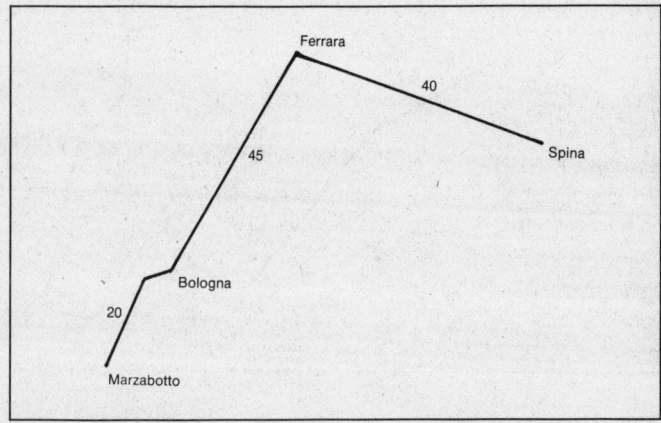

Die etruskischen Maremmen

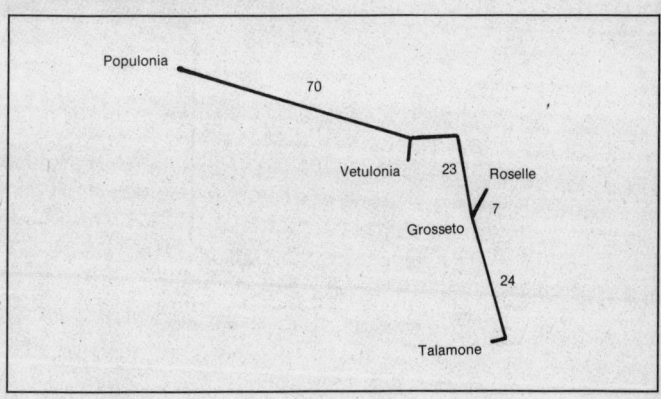

Das toskanische Etrurien

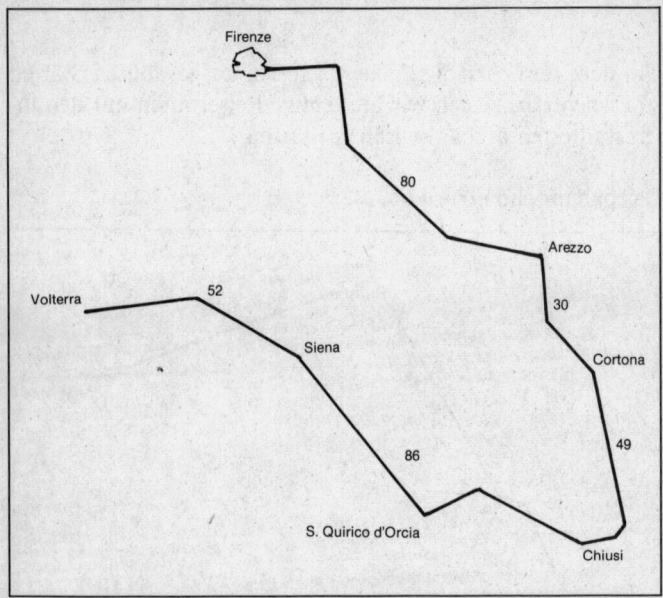

Das innere Etrurien

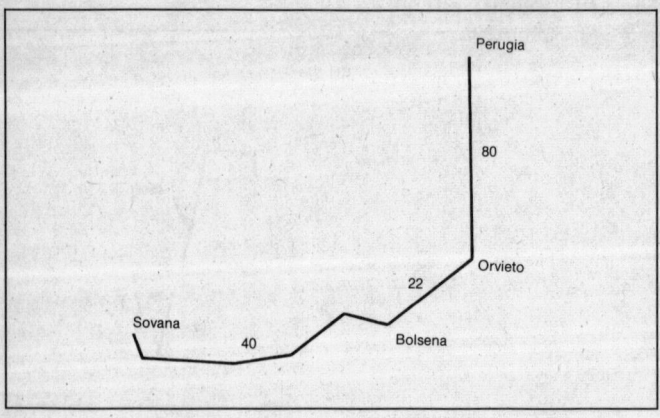

Das etruskische Latium

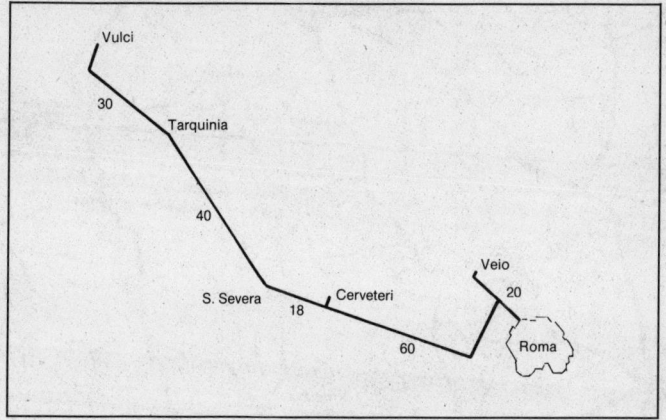

Die Felsennekropolen rund um Viterbo

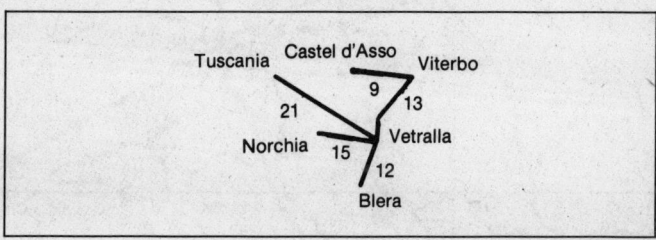

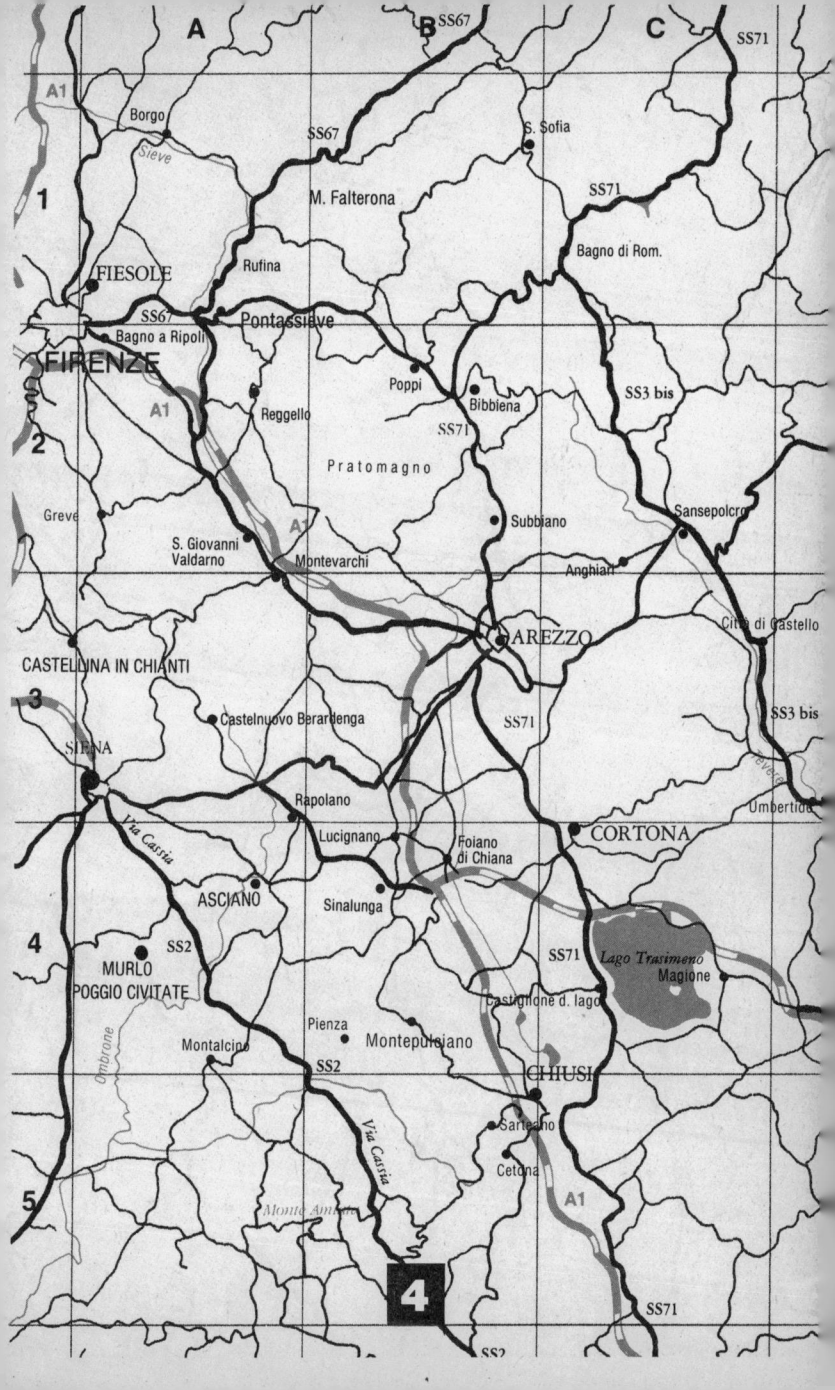

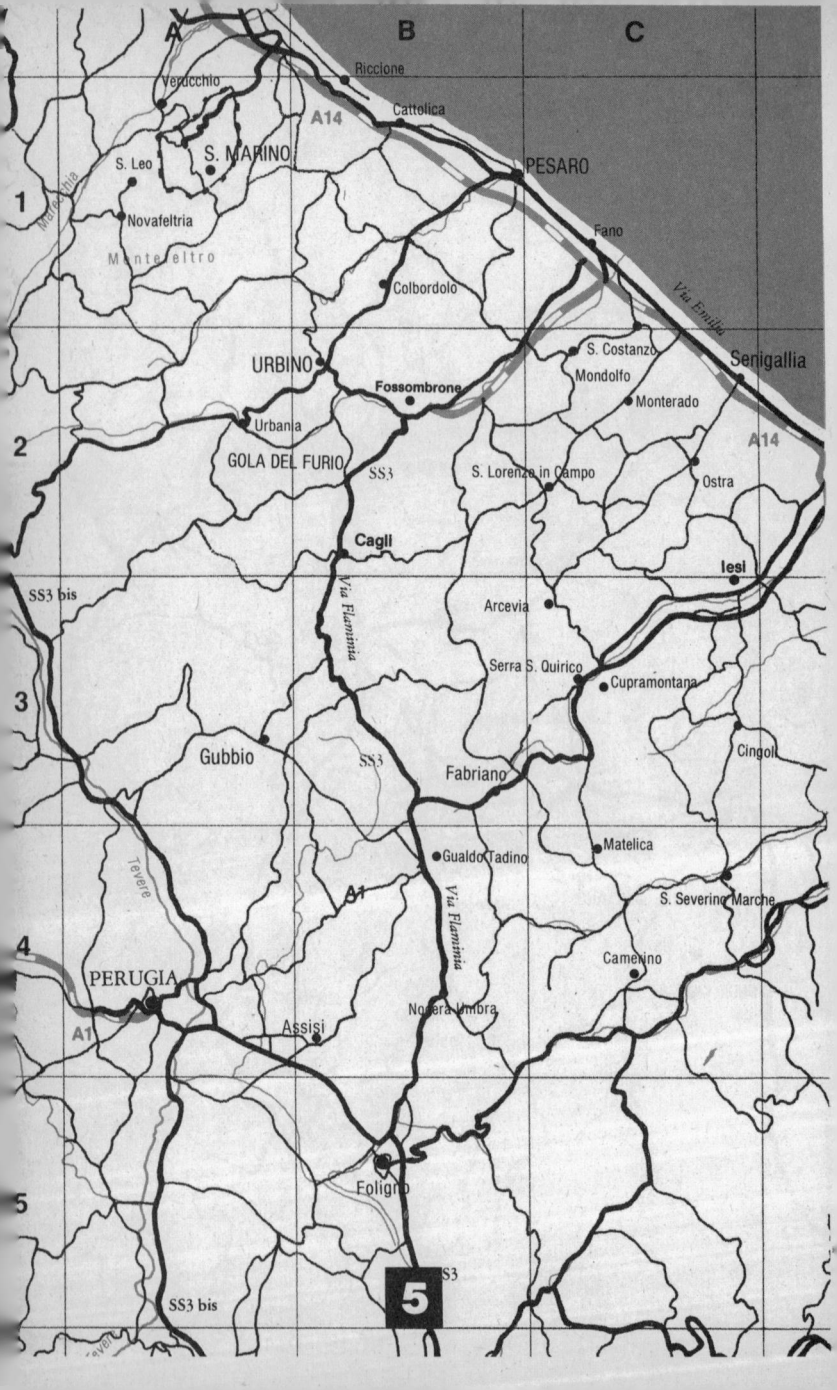

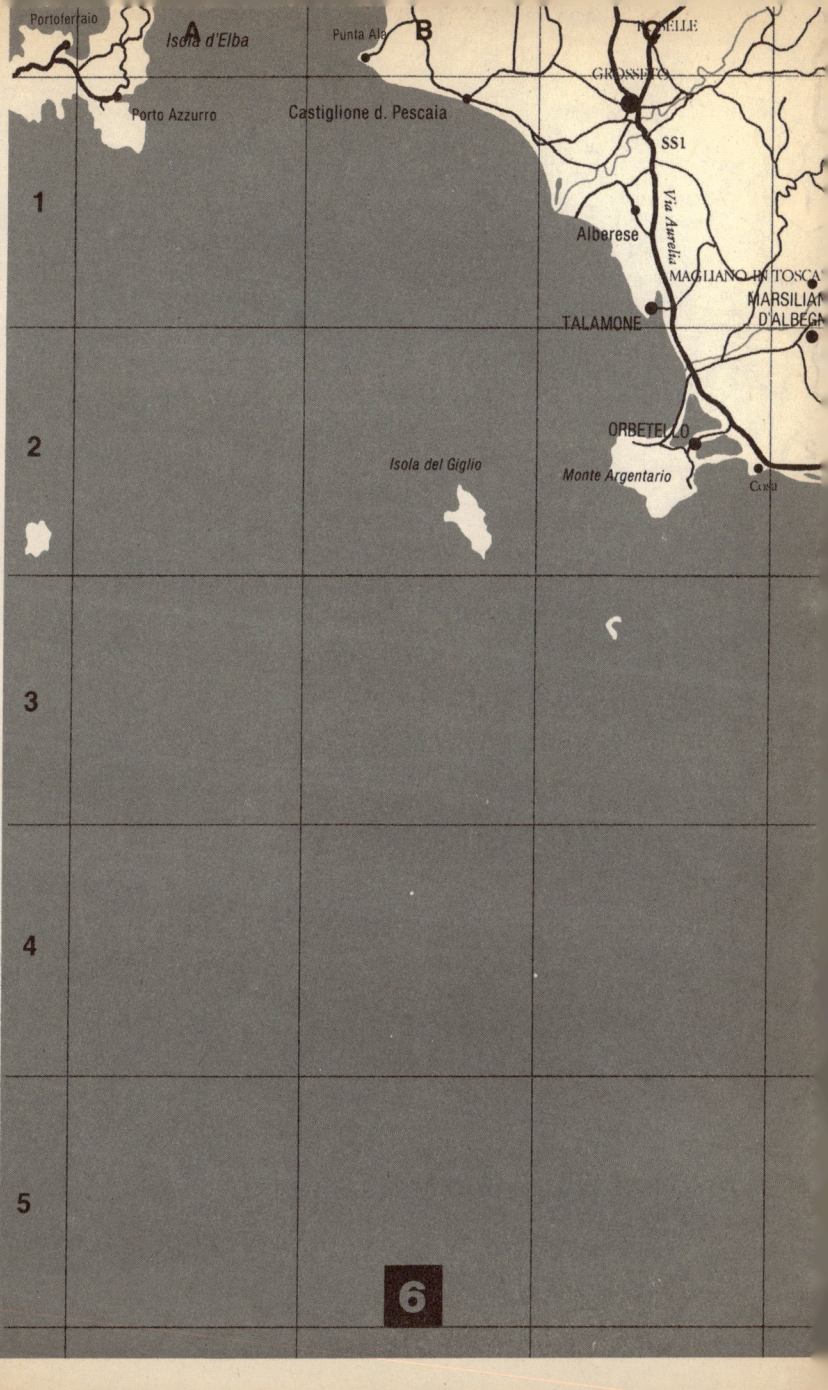

Portoferraio

Isola d'Elba **A** Punta Ala **B** ROSELLE

GROSSETO

Porto Azzurro Castiglione d. Pescaia SS1

1
Alberese

Via Aurelia

MAGLIANO IN TOSCA

TALAMONE MARSILIAN D'ALBEG

2
Isola del Giglio
ORBETELLO
Monte Argentario Cosa

3

4

5

6

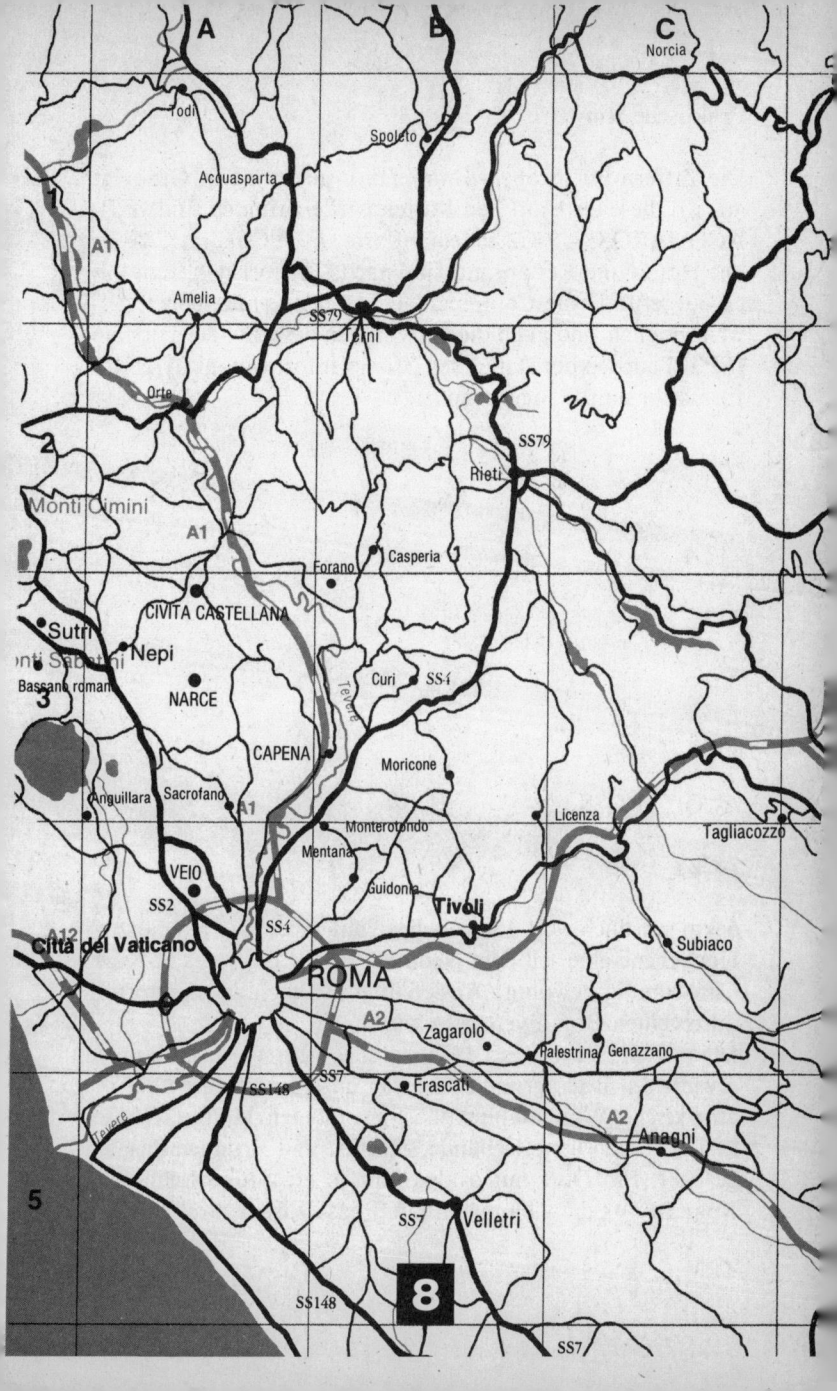

Praktische Hinweise

Die Ziffern-Buchstaben-Kombination nach jedem Ort zeigt an, wo diese Orte auf den Karten wiederzufinden sind. Z.B. ACQUAROSSA 7-C2 bedeutet Karte Nr. 7, Quadrat C 2. Die Hotels und Restaurants sind nach Kategorien in Rangfolge aufgeführt, die Campingplätze sind gekennzeichnet. Soweit möglich sind auch die Anschriften des Ente del Turismo (**EPT**-Touristikbüro) und des Ufficio Informazioni (**AA**) (Informationsbüro) angegeben.

ACQUAROSSA

7-C2

6 km nördlich von Viterbo liegt auf einer gut geschützten Hochebene eine seit dem Neolithikum bis Ende des 5. Jh. v. Chr. ständig bewohnte Ansiedlung, die nach der Zerstörung durch einen Brand verlassen wurde.
Die zwischen 1966 und 1975 durchgeführten Ausgrabungen erwiesen sich als grundlegend für unsere Kenntnis über die etruskische Wohnarchitektur. Sie brachten Hütten, Wohnhäuser, öffentliche Gebäude, Straßen und Brunnen ans Tageslicht. Ein Dorf mit ovalen Hütten aus Holz, Lehm und Rohr ist auf die villanovanische Phase zurückzuführen. Die

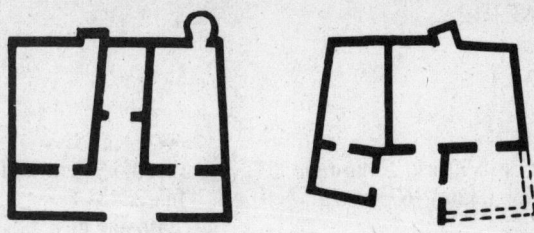

Gebäudegrundrisse

etruskischen Häuser sind nicht planmäßig angelegt. Es überwiegen Konstruktionen mit drei nebeneinander liegenden Räumen und einem Vorderatrium. Die Fundamente sind aus Tuffstein, die Wände waren wahrscheinlich aus ungebrannten Ziegeln und aus mit Lehm bedecktem Rohrgeflecht; die steilen und ziemlich weit vorspringenden Dächer waren mit flachen Dachpfannen bedeckt und manchmal verziert. In der nördlichen Zone des Ortes liegt ein großes Gebäude, in dem sich reliefverzierte Terrakotten aus der zweiten Hälfte des 6. Jh. v. Chr. befanden. Es besteht aus zwei übereinander liegenden Gruppen von nebeneinander gebauten Räumen, die sich zu einem Laubengang im Inneren öffnen. Es ist nicht ganz klar, ob das Gebäude weltlichen oder religiösen Charakter hatte. Im Süden der Siedlung befinden sich die Nekropolen, die hauptsächlich aus Kammergräbern ohne besondere Merkmale bestehen. Die Terrakottaverzierungen des großen Gebäudes in Acquarossa werden im Museo Civico (Stadtmuseum) aufbewahrt. Keine 2 km von Acquarossa entfernt befinden sich die Ruinen von Ferento; diese Stadt wuchs nach der Zerstörung von Acquarossa und zeigt uns heute Spuren der römischen Urbanisierung (Theater, Thermen, Amphitheater).

ADRIA

2-C1

|AA|
C.so Vittorio Emanuele, 53
Tel. 0426/21675

⊨ LAGUNA
Viccolo S. Francesco, 2
Tel. 22431
(Samstag geschlossen)

Die Küstenstadt Adria verdankt ihren Namen dem Adriatischen Meer. Vor der Blütezeit von Spina stützte sich bereits ihre wirtschaftliche Aktivität auf den Handel. Ihre kulturelle Identität ist nicht genau zu bestimmen, da die antiken Quellen in diesem Punkt nicht übereinstimmen und die Nekropolen des Gebietes unterschiedliches Fundmaterial enthielten: griechische, etruskische und auch gallische Geräte in typisch keltischen Gräbern (Wagengräber mit Grabstätten für die Pferde).

Die fortschreitende Versandung des Hafens, verursacht durch die angeschwemmten Ablagerungen des Po, kündigte um das 4. Jh. v. Chr. das Ende der kommerziellen Bedeutung Adrias an, das jedoch auch im römischen Zeitalter als kleiner Ort weiterbestand.

Das Museo Archeologico (Archäologisches Museum, Piazzale Etruschi 2, Öffnungszeiten: 9 – 12 und 15 – 18 Uhr, feiertags: 9 – 13 Uhr; montags geschlossen) bewahrt die aus der Umgebung stammenden Funde auf: rot- und schwarzfigurige griechische Vasen, etruskische Bronzen und Keramiken und einen Wagen aus Eisen aus dem Grab eines gallischen Kriegers stammend.

4-B3

EPT
Piazza Risorgimento, 116
Tel. 0575/20839
⇥ MINERVA
Via Fiorentina, 6 - Tel. 27891
⇥ EUROPA, Pension
Via Spinelli, 33 - Tel. 27611

✗ BUCA S. FRANCESCO
Via S. Francesco, 1 - Tel. 23271
(Montag abend und Dienstag
geschlossen)
✗ CECCO
C.so Italia, 215 - Tel. 20986
(Montag geschlossen)

In archaischer Zeit war Arretium sehr wahrscheinlich eine bescheidene landwirtschaftliche Ansiedlung, die zum Gebiet von Chiusi gehörte. In der Folgezeit wuchs es heran, um dann Mitglied im Dodekapolis (Zwölf-Städte-Bund) und, den Berichten Livius zufolge, eine der wichtigsten etruskischen Städte zwischen dem 5. und 3. Jh. v. Chr. zu werden; dies scheint auch durch eine eigene Münzprägung und die äußerst reichen Abgaben zu dem afrikanischen Feldzug des Scipio belegt zu sein.

In Arezzo findet man nur wenige etruskische Baureste. Lediglich in der Zone rund um den Dom und um die Fortezza sind die Reste einer Stadtmauer aus Bruchsteinblöcken erhalten geblieben.

Aus archaischer Zeit stammen: der attische rotfigurige Kratèr von Eufronio — auf dem eine Amazonenschlacht dargestellt ist —, einige archaische Bronzen (die in der Nähe von San Bartolomeo und Fonte Venezia gefunden wurden) und vor allem eine Großplastik (1553 gefunden), die eine Chimäre darstellt und von Benvenuto Cellini restauriert wurde. Sie war vermutlich eine Votivgabe.

Aus den Anfängen der hellenistischen Periode stammt die Bronzestatue von Athene (etruskisch = Menvia), der vermutlich ein Tempel in Arezzo geweiht war. Es lassen sich Einflüsse des Praxiteles-Stils erkennen. Außerdem wurden zahlreiche Architekturterrakotten, Bronzespiegel, Travertinurnen u. ä. gefunden, die heute im Museum in Florenz aufbewahrt werden.

In den Nekropolen sind vor allem Gräber aus der hellenistischen Epoche und nur wenige aus archaischer Zeit zu sehen. Das Museo Archeologico Mecenate (Öffnungszeiten: 9.30 – 15.30 Uhr, feiertags 9 – 12 Uhr, mittwochs geschlossen) befindet sich in einem Gebäude aus dem 16. Jh., dem Kloster S. Bernardino. Hier befinden sich Architekturterrakotten, Antefixe, ein Frauenkopf mit Helm sowie männliche und weibliche Votivköpfe.

Besonders interessant ist ein männlicher Torso, der in der Nähe von Arezzo gefunden wurde und eindeutig attischen Einfluß aufweist. Außerdem befinden sich hier Alabaster- und Terrakottaurnen unterschiedlichster Herkunft. Im oberen Stockwerk werden Münzen und Bronzen, darunter einige interessante Kleinbronzen, die Krieger und Pferde darstellen, und Amulette aufbewahrt.

Die Chimäre (4. Jh. v. Chr.)

ASCIANO

4-A4

Praktische Hinweise s. Siena

Wie Siena entwickelte sich auch Asciano unter dem Einfluß von Chiusi und Volterra und war eine bescheidene landwirtschaftliche Ansiedlung. Leider haben die Bauten der späteren Epochen die etruskische Epoche ausgelöscht. Im Südosten des Städtchens — Poggio Pinci — hat man fünf Kammergräber gefunden, die in den Felsen gegraben sind. Die recht einfachen Gräber stammen aus dem 5. Jh. v. Chr. und waren bis zum 1. Jh. v. Chr. in Gebrauch. Das zweite der Gräber, das über vier Kammern verfügt, enthielt zahlreiche Urnen aus Travertinstein, attische und etruskische Keramiken sowie Gerätschaften in Bronze, Eisen oder Gold. Unter den Funden aus den Gräbern befinden sich auch volterranische Gefäße und Werkzeuge in Bronze.
Fast alle Funde sind in dem kleinen etruskischen Museum aufbewahrt, das sich in der Kirche S. Bernardino, Corso Matteotti, befindet.

BLERA

7-C3

Am rechten Ufer des Flusses Biedano und im Ricanale-Tal dehnt sich die weiträumig angelegte Nekropole um die antike Stadt herum aus.
Zu den bemerkenswertesten Begräbnisstätten der Stadt zählt die vor der westlichen Spitze der Tuffsteinterrassen von Blera am Fluß.
Sie besteht aus einer Gruppe von Würfelgräbern, die auf Ter-

rassen liegen und durch Treppen miteinander verbunden sind. Rundherum liegen Familiengräber in Hügel- und Würfelform und Einzelgräber in Nischenform.

Im Ricanale-Tal verdient eine Gruppe von fünf Gräbern aus verschiedenen Zeiten Aufmerksamkeit, darunter eines aus dem 6. Jh. v. Chr., das exemplarisch für den archaischen Typ des Würfelgrabes ist, sowie zwei mit Verputz- und Malereifragmenten, ein anderes — die "Grotta dipinta" (bemalte Grotte) -, dessen Innenkammern eine Mittelsäule enthält (4. Jh. v. Chr.).

Oft war das Äußere der archaischen Gräber Bleras — wie auch in anderen Orten — mit Löwen- oder Sphinx-Statuen verziert, die wahrscheinlich Wächterfunktion hatten. Ein Exemplar eines solchen aus Tuffstein gearbeiteten Löwen kann man im Museum von Viterbo finden.

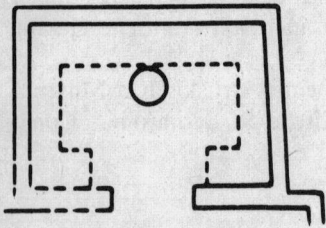

Grundriß "Grotta dipinta"

BOLOGNA

2-A3

Via Leopardi, 1 Tel. 051/237414
Stazione Centrale, Lato Arrivi
Tel. 051/231300
Autostrada del Sole,
area Cantagallo
Tel. 051/572263
➤ ROYAL HOTEL CARLTON
Via Montebello, 8
Tel. 051/554141
➤ GRAND HOTEL ELITE
Via Saffi, 36 - Tel. 051/437417
➤ EUROPA, Pension
Via Boldrini, 4
Tel. 051/553357
➤ PALACE
Via Montegrappa, 9
Tel. 051/278954
➤ SAN FELICE
Via Riva Reno, 2 - Tel. 051/557457
➤ ASTOR
Via Fioravanti, 42/A - Tel. 051/356663
✕ NOTAI
Via de' Pignattari, 1 - Tel. 051/228694
(Sonntag geschlossen)
✕ TIFFANI
Via Laura Bassi, 1/2 - Tel. 051/397547
(Montag geschlossen)
✕ NUOVO CONTINENTAL
Via Indipendanza, 45 - Tel. 051/235318
▲ CITTÀ DI BOLOGNA
Via Cà Bianca, 32 - Tel. 051/384417

Sandstein-Stele
(5. Jh. v. Chr.)

Vom etruskischen Bologna (Felsina) ist fast nichts erhalten geblieben. Schon im villanovanischen Zeitalter fällt die Siedlung durch ihre Ausmaße und ihre wirtschaftliche Bedeutung auf (Landwirtschaft, Metallverarbeitung). Im 6. Jh. v. Chr. fand ein umfangreicher Urbanisierungsprozeß statt — eine der großartigsten Leistungen, die die etruskische Expansion im padanischen Gebiet vollbracht hat.

Die Handwerkskunst übernahm viele bereits im tyrrhenischen Gebiet vorhandene Elemente. Über den Markt von Spina gelangte griechische Keramik in die Stadt. Bis Ende des 6. Jh. v. Chr. dauerte die Macht Felsinas als Handelsmittelpunkt zwischen der padanischen Ebene und dem tyrrhenischen Etrurien.

Dann führte die Expansion der gallischen Bojer die Stadt in eine Krise, von der sie sich nicht mehr erholte. 189 v. Chr. fiel sie unter die Herrschaft der Römer.

Felsina besichtigt man im städtischen archäologischen Museum (Museo Civico Archeologico, Palazzo dell' Archiginnasio, Öffnungszeiten: 9 – 14 Uhr, feiertags: 9 – 12.30 Uhr, montags geschlossen).

Das Museum verfügt über eine große Menge von unterschiedlichem Fundmaterial, dadurch wird es möglich, die Gesamtentwicklung der etruskischen Kultur nachzuvollziehen, vor allem die der Villanova-Phase: Aschenurnen, Geschirr, wie z. B. Askos in Form eines Ochsenvogels, der einen Reiter auf dem Rücken trägt (8. Jh. v. Chr.), eine große Anzahl von Bronzen, die aus dem Vorratslager einer Gießerei, die unter der Piazza S. Francesco entdeckt wurde, stammen.

Aus der archaischen Periode verdienen die mit Figuren verzierten Grabstelen besondere Beachtung, die typisch für die bolognesische Zone sind (6. bis 4. Jh. v. Chr.) und örtliche Vorgänger im späten villanovanischen Zeitalter haben und Gegenstücke in Etrurien im Gebiet um Florenz und Volterra. Die Grabstelen aus Sandstein sind entweder rechteckig und mit einer Scheibe überdeckt, kugelförmig oder in Hufeiseneisenform. In Horizontalbändern mit Basreliefs geschmückt, zeigen die Szenen in der Regel die Reise zur Hölle.

Unter den wichtigsten Museumsstücken befindet sich, neben zahlreichen kleinen Bronzen von sehr unterschiedlicher Qualität, die „Situla della Certosa" (Anfang 5. Jh. v. Chr.), die aus der großen gleichnamigen Nekropole stammt. Sie ist eines der Meisterwerke unter den Situlen, die sich in Venetien in der Gegend von Este entwickelten. Sie wurde als Aschenurne benutzt und zeigt in Treibarbeit reiche und anschauliche Szenen. Bemerkenswert ist auch der kreisförmige „Specchio Arnoaldi" (Arnoaldi-Spiegel) aus dem 5. Jh. v. Chr., in den eine einfache hornblasende Figur, begleitet von zwei steigenden Löwen, eingeritzt ist.

Von Bologna aus kann man REGGIO EMILIA besuchen, eine Stadt römischen Ursprungs, wo sich im Museo Spallanzani (Via Spallanzani 1, Öffnungszeiten: 8.30 – 12.30 Uhr, feiertags 10.30 und 12.30; 15.00 – 18.00 Uhr, dienstags und freitags auch 15.30 – 17.30 Uhr) die kostbare Sammlung Chierici befindet. Sie enthält außer prähistorischem Material aus dem padanischen Raum Fundmaterial aus Ausgrabungen von Campo San Polo di Servirola (S. Polo d'Enza), die gegen Ende des vorigen Jahrhunderts durchgeführt wurden und bei denen eine etruskische Siedlung entdeckt wurde.

Wem es möglich ist, bis Piacenza vorzudringen, der sollte im Museo Civico (Städtisches Museum) Palazzo Farnese, Halt machen, um die etruskische Bronzeleber zu besichtigen, die 1877 im Raum von Piacenza gefunden wurde. Das Modell einer Schafsleber ist mit einer Inschrift versehen, und es sind Linien einge-

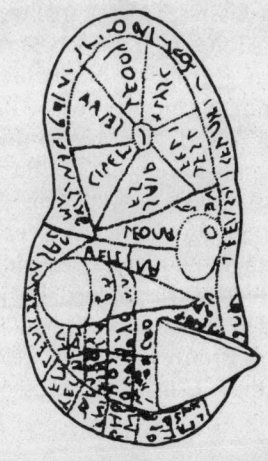

Modell der Bronzeleber

ritzt, die die Aufteilung des Himmelsgewölbes darstellen. Es ist im Zusammenhang mit dem Ritus, die Organe von Opfertieren zu beobachten, um daraus die Zeichen für den Willen der Götter zu erhalten, zu sehen.

BOLSENA

7-C1

➤ COLUMBUS DEL LAGO
Viale del Lago, 27
Tel. 0761/98009
➤ LE NAIADI
Via Guadetto, 1
Tel. 0761/98017

⋀ IL LAGO
Viale Cadorna, 6
Tel. 0761/98191

Praktische Hinweise s. auch Orvieto

274 v. Chr. zerstörten die Römer Volsinii Veteres und zwangen die Bewohner der Stadt, an den Bolsena-See umzusiedeln, wo sie Volsinii Novi gründeten. Hier gab es bereits eine etruskische Siedlung mäßigen Ausmaßes, die jedoch mehr zu den Höhen hin, die den See umgeben, lag als die von den Römern gegründete Stadt, die von einer Mauer umgeben und planmäßig angelegt war. Wenn man die archäologische Zone von Volsinii Novi besucht, kann man gut einige Pflasterstraßen, das Forum mit der Basilika, das Amphitheater und einige Wohnhäuser erkennen.
Am Südostufer des Bolsena-Sees sind Reste einer Villanova-Siedlung und in der Gegend von Monte Busenzio Reste einer protoetruskischen Siedlung gefunden worden.
In den Gräbern fand man zahlreiche Gegenstände, darunter einen Bronzewagen, der reich mit Statuetten geschmückt ist (7. Jh. v. Chr., Rom, Museo Villa Giulia).

CAPENA

8-A3

Capena war das Zentrum des von den Kapenaten (ein den Faliskern verwandtes Volk) bewohnten Gebietes und diente dem Ager Capenas als Hauptquartier. Es hatte sich mit dem etruskischen Veji im Krieg gegen Rom verbündet und geriet nach dem Fall von Veji im Jahre 396 v. Chr. unter römische Herrschaft.

Drei Kilometer nördlich vom heutigen Capena liegt auf dem Vulkanhügel Civitucola das antike Capena, von dem heute nur noch die zahlreichen Nekropolen mit Fossa- und Kammergräbern zeugen. Die bescheidende Anzahl der Grabungsfunde könnte von einer gewissen Provinzialität zeugen; bemerkenswert sind jedoch unter den Gerätschaften aus Bronze und Metall die bronzenen Umhüllungen der Gürtel; besonders hervorzuheben ist noch der sogenannte ,,Piatto degli elefanti'' (Elefantenteller) aus der 1. Hälfte des 2. Jh. v. Chr.: Er wird im Museum Villa Giulia in Rom aufbewahrt, wie der größte Teil der Grabungsfunde von Capena.

CAPUA

erscheint nicht auf der Karte

EPT a Caserta
C.so Trieste,
Tel. 0823/21137
MEDITERRANEO
Viale Falco, 22
Tel. 0823/961575
CAPYS
Ria La Fossa, 20
Tel. 0823/961299

✗ AGIP/FERRETTI
Accesso dalla Statale 87
Tel. 0823/57233
▲ a Castel Volturno (km. 25)
LA TOMBOLA (15/5 - 15/9)
V. le Primavera
Tel. 0823/850483

Das wichtigste etruskische Zentrum in Kampanien — heute
S. Maria Capua Vetere — lag wenige Kilometer von der
gleichnamigen modernen Stadt entfernt.
Sie wurde von den Etruskern im 6. Jh. v. Chr. bei einer antiken oskischen Siedlung gegründet, an einem Verkehrsknotenpunkt zwischen Etrurien und Griechenland. 423 v. Chr. wurde sie von den Samniten zerstört und gelangte daraufhin unter römischen Einfluß, mit wechselndem Schicksal. Die Reste
der etruskischen Stadt sind kaum zu erkennen, die Nekropole
lieferte aber reichliches Fundmaterial, das zum größten Teil
im Kampanischen Museum von Capua ausgestellt ist.
Die Grabungsfunde bezeugen, daß bis zum 9. Jh. v. Chr. eine
villanovanische Siedlung bestand. Unter etruskischer Beset-
zung wurde Capua, das bereits ein Handelszentrum war, zu
einem Kunst- und Kunsthandwerkszentrum, das auch unter
den Samniten und den Römern fortbestand: Neben den eingeführten Vasen aus Etrurien und Griechenland (protokorinthische, kykladische und attische Vasen) gab es eine örtliche Produktion von Bronzen, Terrakottagefäßen, Architektur-Terrakotten, welche an italische Kunst erinnern, die hier
durch außergewöhnliche Exemplare vertreten ist (die in Tuffstein gehauene ,,Mutter'', Votivtäfelchen aus Ton usw.)
Unter den zahlreichen epigraphischen Zeugnissen, die aus der

Stadt kommen, ist die sogenannte „Tegola di Capua" (5., 4. Jh. v. Chr.), heute in Berlin (Ost) von besonderer Wichtigkeit. Sie ist eines der längsten Schriftdenkmäler in etruskischer Sprache, das wir besitzen.

CASTEL D'ASSO

7-B2

Von der Siedlung Castel d'Asso, von Tuscania oder Viterbo aus erreichbar, sind keine aufschlußreichen Spuren geblieben. Gut erhalten ist hingegen die Nekropole. Sie liegt in einer begrenzten Zone vor der antiken Akropolis, im Nordwesten. Die zwischen dem 4. und 2. Jh. v. Chr. anzusiedelnden Gräber befinden sich an den steilen Hängen am Rande der Hochebene, die wahrscheinlich zum Ackerbau genutzt wurde, und an wichtigen Verbindungsstraßen.

Größtenteils handelt es sich um schlichte Würfelgräber mit einem Vorraum, im allgemeinen (im Gegensatz zu Norchia) ohne Säulen. Auf der Fassade der Gräber findet man oft den Namen der beigesetzten Verstorbenen eingemeißelt.

Aufgrund seiner Größe und Komplexität ist das Tomba Grande (= großes Grab) hervorzuheben, es ist mit drei Eingangstüren zum Vorraum versehen, dessen Dach nach hellenistischem Brauch mit Ziegeln gedeckt war, und besitzt einen langen Dromos, der in die Grabkammer führt. Hier werden noch vierzehn Sarkophage aufbewahrt (früher vermutlich über vierzig).

Teilansicht einer Nekropole

57

Sehr interessant ist auch das Tomba Orioli mit einem seitlichen Vorsprung, in dessen Fassade zwei übereinanderstehende Scheintüren gemeißelt sind. In die Scheintür der unteren Fassade sind zahlreiche Zeichen eingemeißelt, wie man sie auch anderswo wiederfindet. Sie beziehen sich vermutlich auf die Ausdehnung des Gebietes, das zum Grab gehört. Die Bestattungskammer — die größte der gesamten Nekropole — mit fischgrätförmig angeordneten Gruben, bot für zweiundsechzig Bestattungen Platz: Das Grab wurde offensichtlich über mehrere Generationen hinweg benutzt und gehörte vermutlich einer sehr einflußreichen Familie.

CASTELLINA IN CHIANTI

3-C3

EPT vedi Siena
⏣ SALI VOLPI
Località Salivolpi
Tel. 0577/740484
⏣ TENUTA DI RICAVO
Tel. 0577/740221

✗ VILLA CASALECCHI
Località Casalecchi
Tel. 0577/740240
✗ ANTICA TRATTORIA
LA TORRE
Piazza del Comune
Tel. 0577/740236

Castellina verdient vor allem wegen seines großen Tumulus (53 m Durchmesser) von Monte Calvario, der sich im Norden des Dorfes befindet, Beachtung. Dieser Grabhügel beherbergt vier Gräber, die nach den vier Himmelsrichtungen ausgerichtet sind. Das Süd- und Westgrab besteht aus einem offenen Dromos, Vorhalle und Hinterraum: Der Dromos und die Grabkammern sind aus grobbearbeiteten Kalksteinblöcken gebaut und von Kraggewölben überdacht. In dem Grab, das die Grabstätte einer mächtigen Familie gewesen sein muß, sind Fragmente von Bronze- und Eisenstücken mit

Figuren gefunden worden, die an die Verkleidung eines Paradewagens denken lassen. Zur Grabausstattung gehören Impastogefäße und Knochen mit eingeritzten Zeichnungen sowie ein bemerkenswerter Löwe aus Sandstein, der eindeutig orientalische Einflüsse aufweist.

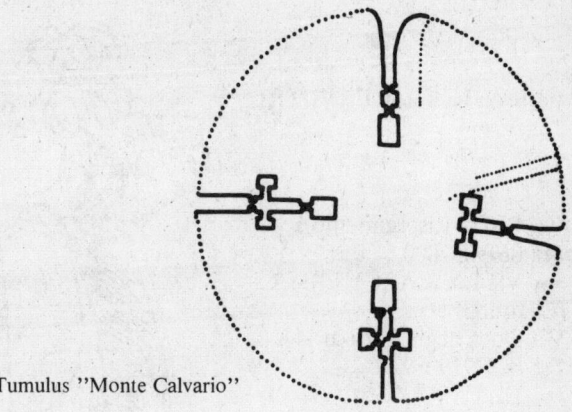

Grundriß Tumulus ''Monte Calvario''

CERI

7-C3

In der Nähe des Dörfchens Ceri, das auf einem Tuffsteinfelsen in 105 m Höhe liegt, hat man etruskische Gräber gefunden, die von einer frühen Besiedlung des Gebietes zeugen. Auf der Straße zwischen Ceri und Bracciano befindet sich eine Nekropole (7. - 6. Jh. v. Chr.) mit Gräbern des klassischen Cerveteri-Typs.
Im Ortsteil Le Fornaci ist ein besonders interessantes Grab ausgegraben worden (Tomba delle Statue), an den Seiten des Vorraums befinden sich sitzende Statuen (ca. 5. Jh. v. Chr.), die ganz aus dem Tuffstein herausgehauen sind. Es sind zwei

männliche Figuren, deren auffallend langer Rücken in starkem Gegensatz zu den Beinen mit besonders kurzen Oberschenkeln steht: Sie weisen eindeutig orientalische Einflüsse auf (vermutlich Nordsyrien).

CERVETERI / CERVETRI

7-C4

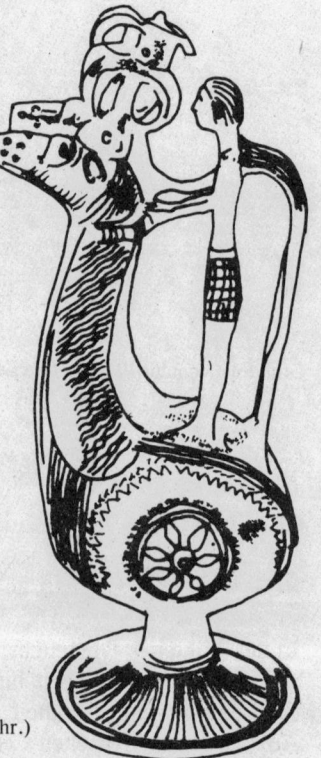

[AA] Piazza Risorgimento 1
Tel. 06/9057000
⇌ VILLA MARGHERITA
(Ladispoli)
Via Duca degli Abruzzi 147
Tel. 06/9929089
⇌ EL PASO
Via Settevene Palo 175
(Richtung Bracciano)
Tel. 06/9057303
✕ L'OASI
Via Settevene Palo Km 15.5
(Richtung Ladispoli)
⋏ RIVIERA a Palo
Via dei Delfini 9
Tel. 06/9911627

Bucchero-Gefäß (7. Jh. v. Chr.)

Die Stadt Cerveteri (etruskisch Chisria, die Römer nannten sie Caere) lag 6 km vom Meer entfernt auf einem gut geschützten Hochplateau in ausgezeichneter Lage. Sie beherrschte ein großes Gebiet zwischen Tarquinia und Veji und verfügte über gute Verbindungswege zu ihren Häfen: Pyrgi (heute S. Severa), Alsium (Palo) und Punicum (S. Marinelle). Bereits im 10. Jh. v. Chr. gab es rund um Caere Ansiedlungen. Nach einer Zeit in der überwiegend Ackerbau betrieben wurde, begann die Stadt im 7. Jh. v. Chr. wachsende Bedeutung zu erlangen und sogar die Siedlungen von Vulci, Tarquinia und Veji in den Schatten zu stellen. Sie wurde das bedeutendste Seehandelszentrum von Etrurien (Ausfuhr von Rohstoffen: Bergbaugebiet von Tolfa; Goldschmiedekunst und Einfuhr von auserlesenen Gütern aus Griechenland und dem Orient) und zu der Stadt, die die meisten Auslandskontakte hatte; besonders eng war die Verbindung zu Griechenland. Ihr Untergang begann mit der etruskischen Herausforderung der Griechen bei Cumae 474 v. Chr.

Die Ceretani waren die einzigen Etrusker, die einen ,,Schatz'' im Heiligtum des Apollo in Delphi hatten.

In Etrurien war Cerveteri eines der bedeutendsten Kunst- und Kunsthandwerkszentren. Insbesondere sind die Terrakottaarbeiten der archaischen Zeit, um Architekturfriese und Statuen herzustellen, hervorzuheben (es genügt, auf den Sarkophag der ,,Sposi'', Rom, Villa Giulia, ca. 520 v. Chr., hinzuweisen).

Außerdem blühte der Handel mit feiner Bucchero-Keramik, die nach ganz Etrurien ausgeführt wurde, und die Herstellung von Vasen mit figürlicher Darstellung, die von griechischen Vorbildern beeinflußt war (geometrisch-italische und etruskisch-korinthische Keramik).

In Caere arbeiteten griechische und orientalische Töpfer, was durch die ,,Idrie ceretane'' (= Ceretanische Hydrien) belegt wird (Ende 6. Jh. v. Chr.).

Die Malerei hat, abgesehen von einigen bemalten Tontafeln im ionisierenden Stil, die zur Dekoration der Wände in Gräbern, Tempeln und Häusern verwendet wurden, wenig zu bieten; auch die in einigen Gräbern gefundenen Malereien sind nicht besonders eindrucksvoll.

Von der etruskischen Stadt selbst wissen wir nur wenig. Dies ist unter anderem auf die unsystematischen Ausgrabungen zurückzuführen: Man sieht nur einige kleine Reste der Stadtmauer aus Tuffsteinblöcken, die auf das 4. Jh. v. Chr. zurückzuführen ist. Rund um Caere liegen die weitläufigen Banditaccia-Nekropole, mit den am besten erhaltenen Gräbern, die Sorbo-Nekropole und die Monte-Abetone-Nekropole.

Sie wurden ab Ende des 9. Jh. v. Chr. bis zur etruskisch-römischen Zeit benutzt; deshalb findet man hier die verschiedensten Grabtypen, vor allem Tumulus-Gräber aus der orientalisierenden Zeit und Würfelgräber aus archaischer Zeit, die, ähnlich wie die orvietische Nekropole Crocifisso, planmäßig angelegt sind.

Die Gräber der Banditaccia-Nekropole sind sehr genau von F. Trayon untersucht worden, der eine durchgängige Entwicklung der Grabarchitektur anhand von sechs Haupttypen herausgefunden hat. (Frühe etruskische Grab- und Hausarchitektur, Heidelberg 1975).

Die Banditaccia-Nekropole ist ungefähr 2 km vom Ort entfernt (Öffnungszeiten: Sommer 9 — 13 Uhr und 16 — 19 Uhr; Winter 10 — 16 Uhr) und am besten erhalten (zum Teil

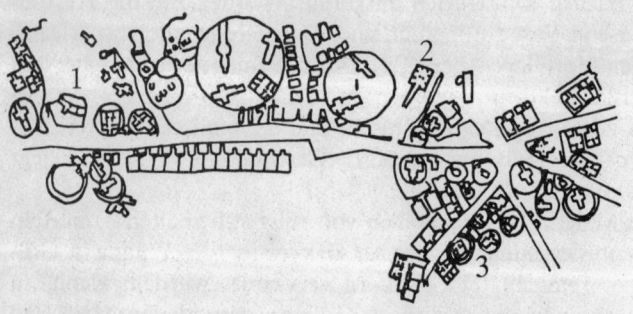

Cerveteri Banditaccia-Nekropole, Gebiet "Vecchio Recinto"
1. Tomba dei Capitelli, 2. Tomba dei Rilievi, 3. Tomba della Cornice.

sind die Gräber auch restauriert). Fast alle Gräber sind in den Tuffstein gehauen, und nur der Zugang ist in einigen Fällen gemauert.

Von den vielen Gräbern, die in der Zone des „Vecchio Recinto" besucht werden können, sind folgende besonders hervorzuheben.

Tomba dei Capitelli (Grab mit Kapitellen): Es hat drei Grabkammern und ist von einem Tumulus, der eine Fassade hat, überdeckt. Die Vorhalle wird durch zwei Pfeiler mit äolischen Kapitellen gestützt und hat eine aus dem Tuffstein herausgearbeitete Kassettendecke (Mitte 6. Jh. v. Chr.).

Tomba dei Rilievi (Reliefgrab, Ende 4. Jh. v. Chr.): Die Vorhalle hat zwei Pfeiler und viele in den Tuff geschlagene Nischen; sie ist mit bemalten Stuckreliefs geschmückt, die alle möglichen Gegenstände des täglichen Gebrauchs, Möbel und Haustiere darstellen.

Tomba delle Cornice I (Grab mit Rahmen, Mitte 6. Jh. v. Chr.): Es hat 3 Grabkammern und einen Vorraum. Die Rahmen der Kammertüren sind, ähnlich wie in den Würfelgräbern der Felsennekropolen, sorgfältig aus dem Tuff herausgearbeitet.

In den darum herum liegenden Zonen, den sogenannten „Scavi Novi" und der „Zona Commune" findet man den Tumulus Maroi, den Tumulus T. Mengarelle, den Tumulus del Colonello; die Straßen sind von vielen Würfelgräbern eingesäumt (6. Jh. v. Chr.), Tomba delle cinque Sedie (Grab mit den fünf Sitzen, Ende 7. Jh. v. Chr.), Tomba dell'Alcova (Alkovengrab, 4. Jh. v. Chr.), Tomba delle Iscrizioni (Inschriftengrab), das zwischen 4. und 2. Jh. v. Chr. über acht Generationen hinweg benutzt wurde.

Auch in dem südlichen Gebiet der Banditaccia-Nekropole befinden sich außergewöhnlich interessante Gräber, wie z. B. La Tomba delle Nave (Grab der Schiffe, 7. Jh. v. Chr.) mit einer Hauptkammer mit vier Pfeilern, das im Tumulus degli Scudie e delle Sedie (6. Jh. v. Chr.) liegt, der noch zwei weitere Gräber beherbergt, und zwar das Tomba dei Leoni Dipinti

(Grab mit den bemalten Löwen) und Tomba degli Scudie e delle Sedie (Schilder und Sitze), das dem Tumulus seinen Namen gibt.

Man kann eine unwahrscheinlich große Anzahl von Gräbern besichtigen. Jedes verblüfft durch seine Originalität und den Ideenreichtum der Erbauer.

In der Nekropole Monte Abetone ist vor allem der Tumolo Campana interessant, der zwei Gräber enthält. Im älteren,Campana I (Mitte 7. Jh. v. Chr.), ist der Hauptraum durch gerillte Lisene unterteilt und ein großer Thron sowie ein Korb sind aus dem Tuff herausgearbeitet. Im Tumulus Torlonia befindet sich ein großes hellenistisches Grab mit weiter Vorhalle und vielen Seitennischen.

In der Sorbo-Nekropole östlich der Stadt ist das Tomba Regolini Galassi beachtenswert (Mitte 7. Jh. v. Chr.), das zwei langgezogene Kammern und zwei Seitennischen besitzt. In den wenigen noch nicht ausgeraubten Gräbern von Cerveteri fand man einen reichen Schatz an Goldschmiede- und Elfenbeinarbeiten, die sich im Vatikan, Museo Gregoriano Etrusco, befinden.

Das Museum von Cerveteri (Öffnungszeiten: 10 – 16 Uhr, feiertags und montags geschlossen), das sich im Castello di Cerveteri befindet, zeigt Funde aus vielen Gräbern von der villanovanischen bis zur spätetruskischen Zeit. Besonders umfangreich ist der Bestand der Bucchero-Keramik, darunter einige sehr dünnwandige Gefäße.

Es gibt auch einige bemalte Tontafeln und andere für Cerveteri typische Terrakotta-Architektur.

Beachtenswert und in ihrer Art einzigartig ist eine Rundplastik des etruskischen Charon (Charun), der in einem Grab bei Ripe S. Angelo gefunden wurde (3. Jh. v. Chr.).

CHIUSI

4-C5

AA presso la Stazione
Tel. 0578/20006

I LONGOBARDI
(Chiusi Stazione)
Via Leonardo da Vinci 59
Tel. 0578/20115
CENTRALE
(Chiusi Stazione)
Piazza Dante
Tel. 0578/20118
✕ ZAIRA
Via Arunte 12
Tel. 0578/20260
Λ DEGLI ULIVI
Località Macciano
Tel. 0578/27302

Cippus aus Chiusi

Das etruskische Clevsin oder Camars war eine florierende Stadt, die bereit zu Beginn der italienischen Geschichte sehr entwickelt war. In ihrer Umgebung fand man viele Zirogräber aus der Villanova-Epoche. Besonders wichtig sind die Nekropolen und das etruskische Nationalmuseum (Museo Nazionale Etrusco) in Chiusi.

In der orientalisierenden und archaischen Zeit wurden durchgängig Zirogräber gebaut, während gleichzeitig die Kammergräber eingeführt wurden.

Die ältesten sind sehr klein, und ab Ende des 6. Jh. v. Chr. haben sie dann mehrere Kammern.

In zwei Hypogäen befinden sich orientalische Malereien, die heute jedoch total zerfressen sind.

Das Tomba della Scimmia (Affengrab, 1. Hälfte 5. Jh. v. Chr.) liegt in der Nekropole Poggio Renzo, 3 km nördlich der Stadt (Führung ab dem Archäologischen Museum). Die Malereien im Hauptraum zeigen Wettkampfspiele. Seinen Namen erhielt das Grab von einem in einem Gebüsch sitzenden Äffchen im hinteren rechten Teil der Fresken. Die Kassettendecke ist mit einer farbigen Rosette verziert, die von vier Harpyien gehalten wird.

Auch das Tomba della Pellegrina (Pilgergrab, 3. Jh. v. Chr.) liegt in Poggio Renzo; es besteht aus einem mit Seitennischen versehenen langen Dromos, zwei Seitenkammern und einer hinteren Kammer. Auf den reliefverzierten Urnen sind die Mythen um Hippolyt, Achilles und Ajax und die Plünderung der Gallier im Heiligtum von Delphi dargestellt. Interessant ist auch die Urne der Larthia Seianti, die jedoch im Museum von Florenz aufbewahrt wird.

Das Tomba del Granduca (Grab des Großherzogs, Ende 2. Jh. v. Chr.) liegt in der Nähe eines Bauernhauses am Chiusi-See. Es hat einen in den Tuffstein gehauenen Raum und ist mit einem echten Tonnengewölbe bedeckt. Die Urnen (acht) sind mit Gorgonen, Meerestieren, Dionysos und einem Panther verziert.

Das Tomba delle Colle Casuccini (Grab der Casuccinihügel) im Osten der Stadt ist aus dem 5. Jh. v. Chr. und verfügt über einen langen Dromos, der zu einer Tür aus Travertinstein führt, eine weiträumige Vorhalle und einer kleineren Kammer.

Die Decke der Vorkammer hat Kassetten wie auch die Decke der Kammer, in der sich drei Totenbetten befinden. Hier sind Malereien — zum Teil im 19. Jh. restauriert —, die athletische Wettkämpfe, Sing- und Tanzwettstreite darstellen. Die Friese zeigen Darstellungen unterschiedlichsten Charakters.

Chiusi war hauptsächlich ein Kunst- und Kunsthandwerkszentrum: Die Kanopen aus Bronze und Keramik für die Asche der Verstorbenen zeigen anthropomorphe Motive. Die Skulpturen sind anfangs aus porösem Kalkstein (ab 4. Jh. v. Chr.) mit Sphinx-, Löwengestalten und Frauenbrüsten, die Begräbnisstatuen sitzen auf Thronen. Nach und nach in hellenistischer Zeit konzentriert sich die Herstellung auf Urnen und Sarkophage, die auch ausgeführt wurden: Diese Art der Herstellung gab es sonst nur in Volterra und Perugia.

Die Bronzeverarbeitung war auf einem nicht sonderlich hohen Stand, es wurden Gebrauchsgegenstände und Statuetten hergestellt. Das etruskische Nationalmuseum (Museo Nazinale Etrusco, es befindet sich links vom Dom, hat werktags von 8.30 – 12.30 Uhr geöffnet, feiertags von 9 – 13 Uhr, montags geschlossen) zeigt das Fundmaterial von Chiusi.

CIVITA CASTELLANA

8-A3

🛏 ✕ DELLE RUOTE
Via Flaminia, Km. 57.300
Tel. 0761/540047
✕ MIGNOLO
Via Vincenzo Carrenti 101
Tel. 0761/53465

Civita Castellana war das faliskische Zentrum (Falerii Veteres) und bereits im Bronzezeitalter bewohnt. Etruskische Ansiedlungen sind ab Ende des 7. Jh. v. Chr. nachweisbar. Bis Ende des 5. Jh. v. Chr. war die faliskische Region ohne besondere Bedeutung. Zwischen 5. und 2. Jh. v. Chr. versuchten die Römer, das Land der Falisker zu erobern und besiegten es 293 v. Chr. Trotzdem erreichten die Kultur und Wirtschaft der Falisker in dieser Zeit ihren Höhepunkt.

Apollo aus
Scasato

Der älteste Teil der Ansiedlung befand sich auf dem Hügel Vignale, der spätere dort, wo die heutige Stadt liegt. Am Fuß des Hügels von Celle liegt das älteste und bedeutendste Heiligtum von Falerii (4. – 3. Jh. v. Chr.), von dem einige Baureste zu sehen sind. Einige Wissenschaftler meinen, daß die erhaltenen Fundamente von zwei Tempeln zeugen.

In den nordöstlich der Stadt liegenden Nekropolen sind nur wenige Gräber aus dem 11. bis 3. Jh. v. Chr. sichtbar. Besonderes Merkmal der späteren Kammergräber ist eine Vorhalle mit Portikus-Fassade, eine kaminähnliche Öffnung in der Decke und eine zentrale Grabkámmer mit Pfeiler.

Akrotère aus Ton, die aus archaischer und hellenistischer Zeit stammen, sind bei dem Tempio dei Sassi Caduti, bei dem Heiligtum Poggio di Vignale und dem Tempio di Lo Scasato gefunden worden. Aus der hellenistischen Zeit des Scasato-Heiligtums sind wunderbare Terrakotta-Figuren gefunden worden, darunter der sogenannte Apollo, eine Männerbüste mit üppigem Haarschopf, der Farbreste aufweist (Anf. 3. Jh. v. Chr.) und heute in der Villa Giulia in Rom zu sehen ist, wo sich auch fast das ganze Fundmaterial der Ausgrabungen befindet.

Die zum Teil kostbaren Grabbeigaben bestanden aus bemalten Impasto-Gefäßen mit fast ausschließlich orientalisierenden Motiven und lokaler und griechischer Keramik.

In der Stadt gab es auch eine sehr schöpferische Töpferschule, der vermutlich fähige Künstler aus Griechenland zur Seite standen. Im Ortsteil Lo Scasato hat man einen Keramik-Brennofen gefunden.

CORTONA

4-C4

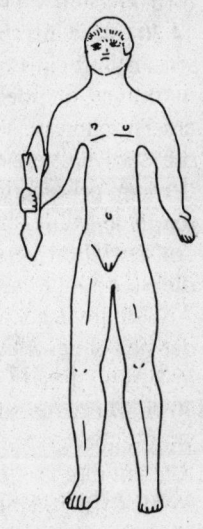

AA Piazza Signorelli 10
Tel. 0575/63056
⊨ HOTEL SAN LUCA
Piazza Garibaldi 1
Tel. 0575/63787
⊨ NUOVO CENTRALE,
a Camucìa S.S. 71
Tel. 0575/63378
⊨ PORTOLE, a Portole
Strada per città di Castello,
Km. 9 - Tel. 0575/62108
✗ TONINO
Piazza Garibaldi 1
✗ IL CACCIATORE
Via Roma 11
Tel. 0575/63252

Kleine Bronzestatuette (6. Jh. v. Chr.)

Welche Rolle Cortona in etruskischer Zeit spielte, weiß man
nicht genau. Auf jeden Fall gehörte sie weder zu den mächtigen Städten, noch hatte sie besondere Kunst oder Kunsthand-
werk vorzuweisen.
Die Stadt liegt auf einem Hügel und ist von einer Mauer aus
großen Quaderblöcken umgeben, die mehr als zwei Kilometer
lang ist. Die zum großen Teil noch erhaltene Stadtmauer ist
aus dem 5. Jh. v. Chr. Außerhalb der Mauer gibt es einige
Tumulus-Gräber aus der orientalisierenden Phase und aus
der hellenistischen zwei einzelne Steingräber, die ''Tanelli''
genannt werden.
In Cortona hat die ''Accademia Etrusca'' (etruskische Akademie) ihren Sitz, die erste Institution für etruskische Stu-
dien, die im 18. Jh. gegründet wurde und eine umfangreiche
Bibliothek, sowie ein interesanntes Museum mit zahlreichen
archäologischem Fundmaterial besitzt. Das Museum der

etruskischen Akademie (Öffnungszeiten: 9 – 13 Uhr, 14.30 – 18 Uhr) befindet sich im Palazzo Pretoria. Prunkstücke sind ein Bronze-Hängeleuchter (Lampadario) aus dem 6. Jh. v. Chr., der in seinen Ausmaßen einzigartig ist (fast 60 cm Durchmesser), und eine Öllampe mit 16 kleinen Schalen mit üppigen Verzierungen, deren Herkunft unbekannt ist. Außerdem beherbergt das Museum einige Votiv-Bronzestatuetten, eine Münzsammlung und bemalte Keramik.

An der "Porta S. Maria" und "Porta Colonna" kann man die Stadtmauer sehen.

Außerhalb der Stadt, nahe bei dem Bahnhof Camucia, befindet sich ein großes Tumulus-Grab "Melone di Camucia" (alle Tumuli dieser Gegend werden "Melone" genannt) mit fast 70 m Durchmesser. Er wird auf das 7. Jh. v. Chr. datiert, wurde aber erst seit dem 6. Jh. v. Chr. benutzt. Der Dromos führt in das Vestibül, zu dem sich vier Kammern mit Kraggewölbe öffnen. Unter dem gleichen Tumulus hat man noch ein weiteres Grab mit mehreren Kammern ausgegraben, das, nach den gefundenen Grabbeigaben (heute im Museum von Florenz) zu urteilen, bis zum 6. Jh. v. Chr. benutzt wurde.

2 km westlich, in Il Sodo, findet man die "Meloni del Sodo", zwei große Tumuli, die im 6. – 4. Jh. v. Chr. benutzt wurden. In beiden ist das Hypogäum durch einen langen Gang mit der in der Achse liegenden Grabkammer verbunden. Vom Gang aus öffnen sich auf beiden Seiten je zwei weitere Kammern, alle Decken sind Kraggewölbe.

Unweit der Stadt, im Westen, liegen in schöner Lage zwischen Zypressen die "Tanella di Pitagora" und die "Tanella Angori" (2. Jh. v. Chr.). Es handelt sich hier um Konstruktionen aus großen Steinblöcken mit einem runden Grundriß. Die Hauptkammer barg die Aschenurnen der Verstorbenen. Die "Tanella di Pitagora" trägt den Namen des Pythagoras, weil man früher tatsächlich annahm, daß hier das Grab des griechischen Philosophen sei. Der Irrtum rührte von der Verwechslung der Städtenamen Cortona und Crotone her. In Crotone, einer kalabrischen Stadt, starb Pythagoras.

FERRARA

2-A2

EPT Largo Castello 22
Tel. 0532/35017
ASTRA
Viale Cavour 55
Tel. 0532/26234
EUROPA, Pension
Corso Giovecca 49
Tel. 0532/33460
KENNEDY
Via P. Godetti 11
Tel. 0532/26104
✗ ITALIA
DA GIOVANNI
Largo Castello 32
Tel. 0532/35775
(Im Winter Dienstag
geschlossen)
✗ VECCHIA CHITARRA
Via Ravenna
Tel. 0532/62204
Λ ESTENSE
Via Porta Catena
Tel. 0532/52791

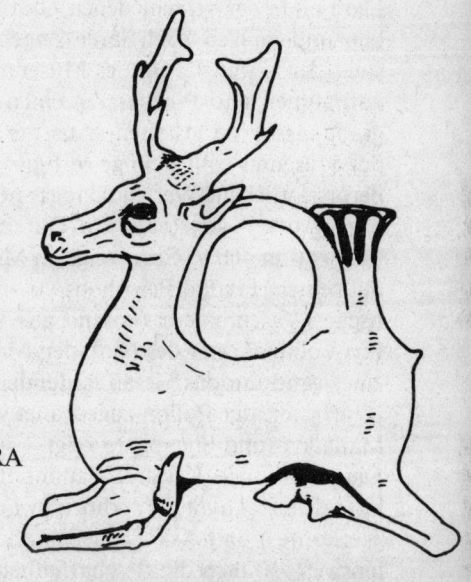

Parfüm-Gefäß aus Spina (6. Jh. v. Chr.)

In Ferrara werden im Archäologischen Nationalmuseum von
Spina (Museo Archeologico Nazionale di Spina) die Schätze
aus den Nekropolen von Spina aufbewahrt. (Öffnungszeiten:
Sommer 9 – 13 Uhr, 15.30 – 18.30 Uhr; Winter 9 – 16 Uhr;
feiertags 9 – 13 Uhr; dienstags geschlossen.) DasMuseum befindet sich auf der Prunketage des herrlichen Palazzo Costa-
bili, der auch Palazzo "Ludovico il Moro" genannt wird und
von Bigio Rossetti erbaut wurde (1447 – 1516). In seinen 15
Räumen sind vor allem die Funde aus der Nekropole Valle

Trebba (1213 Gräber), die bei Ausgrabungen in der Zeit von 1922 – 1935 ans Tageslicht gekommen sind, ausgestellt.

Nur Raum XV beherbergt eine kleine Auswahl von Fundgegenständen aus der Valle-Pega-Nekropole (2523 Gräber), wo man 1954 mit den Ausgrabungen begann.

Die Funde der verschiedenen Grabbeigaben wurden im großen und ganzen nach ihrer Zugehörigkeit geordnet ausgestellt. Im ersten Raum des Museums kann man durch Luftaufnahmen und Planskizzen einen Überblick über die Ausgrabungsstätten erhalten. Aus der reichhaltigen Sammlung des Museums sollen einige rotfigurige attische Vasen von außerordentlichem Wert besonders hervorgehoben werden:

Eine große Kylix (56,6 cm Durchmesser) des Penthesilea-Malers (um 460 v. Chr.) zeigt im Mittelbild Theseus zu Pferd mit seinem Freund Peirithoos. Sie ist ein Meisterwerk der attischen Vasenmalerei (kommt aus Valle Pega).

Ein Volutenkratèr des Niobiden-Malers (ca. 460 v. Chr.) mit einer rund um das Gefäß laufenden Amazonenschlacht.

Ein Kratèr, der Polion zugeordnet wird (ca. 460 v. Chr.), der Mänaden- und Silenpaare zeigt.

Die etruskische Keramik-Sammlung weist einige besonders interessante Thyta (Trinkhorn in Form eines Menschen oder Tierkopfes) und Askoi (Gießgefäß in Tierform) auf. Beachtenswert ist auch die Beschaffenheit der Bronzegegenstände, die man als Grabbeigaben in einigen Gräbern fand (wie in dem Grab 128 in Valle Trebba).

FIESOLE

4-A1

AA Piazza Mino da Fiesole 45
🛏 AURORA
Piazza Mino da Fiesole 39
Tel. 055/59513
🛏 VILLA BONELLI
Loc. Villa S. Michele
Tel. 055/59451
✗ MARIO
Piazza Mino da Fiesole 9
Tel. 055/59143
✗ LE LANCE
Via Mantellini
Tel. 055/5909090
▲ PANORAMICO
Via Peramonda
Tel. 055/599069

Stele (5. Jh. v. Chr.)

Die etruskische Stadt wurde vermutlich um 600 v. Chr. gegründet; man weiß, daß sie am Krieg gegen Rom und in der Folge am Krieg gegen Sulla teilgenommen hat.
Aus der etruskischen Urbanisierung sind Reste der Stadtmauer, die aus großen Steinblöcken erbaut war, und Reste eines einzelligen Tempels aus dem 3. Jh. v. Chr. erhalten geblieben. Im 1. Jh. v. Chr. wurde der Tempel durch einen Brand vernichtet und dann von den Römern wieder aufgebaut.
Zur archäologischen Zone gehören außerdem ein Theater und römische Thermen. Im Museum (geöffnet: im Sommer 10 – 12.30 Uhr und 15 – 19.30 Uhr; im Winter 9 – 12 Uhr und 14 – 17 Uhr) werden die Architekturterrakotten des Tempels aufbewahrt sowie die Votivgaben (anatomische Votivbilder), die aus dem Votivschatz des Tempels stammen.

Unter anderem befindet sich eine, für dieses Gebiet typische rechteckige Stele aus dem 5. Jh. v. Chr. im Museum, die von zwei Löwen, die eine Palmette halten, gekrönt ist.

FLORENZ / FIRENZE

3-C1

EPT Via Manzoni 16
Tel. 055/678841
AA Piazza Rucellai
Tel. 055/298906
⊨ EXCELSIOR ITALIA
Piazza Ognissanti 3
Tel. 055/294301
⊨ GRAND HOTEL
VILLA CORA
Viale Machiavelli 18
Tel. 055/2298451
⊨ CONTINENTAL
Lungarno Acciaiuoli 2
Tel. 055/282392
⊨ ASTOR
Viale Milton 41
Tel. 055/214587
⊨ BASILEA
Via Guelfa 41
Tel. 055/214587
⊨ FRANCHI
Via Sgambetti 28
Tel. 055/372563

✗ DONEY
Via Tornabuoni 46/R
Tel. 055/24348
(Montag geschlossen)
✗ TREDICI GOBBI
Via Della Porcellana 9
Tel. 055/298769
(Sonntag u. Montag
geschlossen)
✗ TRATTORIA
ANTICO FATTORE
Via Lambertesca 1/3
Tel. 055/261215
(Sonntag u. Montag
geschlossen)
✗ GRANDE ITALIA
Piazza Stazione 25/R
Tel. 055/282885
(Freitag geschlossen)
⏶ PARCO COMUNALE
ITALIA E STRANIERI
Viale Michelangelo 80
Tel. 055/663938

Florenz wurde von den Römern während der Sulla-Ära gegründet. Die Besiedlung dieses Gebietes ist jedoch seit der Eisenzeit nachweisbar.

Für den an etruskischer Kunst Interessierten ist der Besuch des bedeutenden Museo Archeologico — eines der wichtigsten und umfangreichsten von Italien — das vor allem Fundmaterial aus der Toskana, insbesondere Populonia, Vetulonia, Arezzo und Chiusi aufbewahrt, unumgänglich.

Deshalb kann der Besuch des Museums als eine notwendige Einführung für eine Rundfahrt zu den archäologischen Städten oder auch als ergänzender Abschluß betrachtet werden. Das Museum liegt in der Via della Colonna 38, neben dem Krankenhaus "Degli Innocenti" (Öff-

Stele mit eingeritzter Figur aus Vetulonia (7.-6. Jh.v. Chr.)

nungszeiten: 10 – 16 Uhr, feiertags 9 – 13 Uhr, montags geschlossen). Die augenblickliche Unterbringung des Museums ist provisorisch, da es 1966 durch das Hochwasser des Arno schwer beschädigt wurde; dabei wurde das Erdgeschoß zerstört, in dem sich das Topographische Museum von Etrurien befand. Diese Abteilung wird zur Zeit restauriert.

Im Erdgeschoß sind die bemerkenswertesten Stücke der Sammlung untergebracht, besonders zu erwähnen sind:

Die François-Vase (570 v. Chr.), der älteste uns bekannte attische Volutenkratèr, ein Werk des Töpfers Ergotinos und des Malers Kleitias, der in der Nähe von Chiusi gefunden wurde.

Eine Reihe von Aschenurnen aus Chiusi, unter ihnen eine mit einer sitzenden Frau mit Kind aus porösem Kalkstein (470 v. Chr.), die wegen ihrer eindrucksvollen Zurückhaltung "Mater matuta" genannt wird. Ganz interessant sind auch die Rekonstruktionen verschiedener etruskischer Grabtypen im

75

Garten, die an ihrem ursprünglichen Platz vollständig in ihre Bestandteile zerlegt und hier wieder aufgebaut wurden: "Tomba del Diavolina" aus Vetulonia; "Tomba Inghirami" aus Volterra, "Tomba a tholos" aus Casal Marittimo u. a..

Im ersten und zweiten Stock sind eine Vielzahl von Gegenständen verschiedener Herkunft gesammelt und nach Art des Fundmaterials geordnet (Urnen, etruskische Bronzen, römische Bronzen, etruskische Keramiken, griechische Keramiken, Bucchero-Keramik etc.).

Die Räume I bis VIII im ersten Stock enthalten altägyptische Fundstücke. Der Raum IX hingegen ist etruskischen Skulpturen gewidmet. Hier befinden sich Urnen mit mythologischen und anderen Szenen aus der griechischen und etruskischen Welt, hauptsächlich aus Volterra (Alabasterarbeiten), Chiusi (Arbeiten aus Marmor, Tuffstein, Terrakotta) und Perugia (Travertinarbeiten). In der Mitte des Raumes befindet sich der Sarkophag des Ramta Uzenai (4. Jh. v. Chr.), der in Tarquinia entdeckt wurde.

Im Raum X befinden sich Cippen, Basreliefs, Urnen, Sarkophage. Besonders beachtenswert ist hier eine Urne in Form einer tuskanischen Hütte (Chiusi, 4. Jh. v. Chr.).

Wenn man diesen Raum verläßt, durchquert man einen Teil von Raum XIV und gelangt so in Raum XI, der etruskische Kleinbronzen beherbergt. Hier findet man Spiegel mit eingravierten griechischen Mythen, die älteren rund, die jüngeren oval. Unter ihnen ist ein Spiegel, der Herkules in Begleitung von Juno darstellt, beachtenswert (2. Jh. v. Chr.). In der Raummitte die Fragmente eines Zweispänners der Diana (4. Jh. v. Chr.), der aus dem Tempel von Chianciano stammt, sowie Fragmente einer Statue des Apollos (5. Jh. v. Chr.).

In den Räumen XII und XIII befinden sich griechische und römische Bronzen.

Von Raum XI geht man weiter zu Raum XIV, wo sich drei große und berühmte etruskische Bronzen befinden. Die Statue der Minerva, die die Imitation eines griechischen Werkes ist, und die weltberühmte Chimäre (5. Jh. v. Chr.); sie wurde

76

1555 in Arezzo gefunden; die Pfoten auf der linken Seite wurden von B. Cellini restauriert und später noch durch das Hinzufügen eines Schlangenschwanzes, eines Horns und eines Ziegenbartes abgeändert; der "Arringatore" (Redner) stammt aus Sanguineto (Trasimenischer See). Die Statue stellt eine mit einer Toga bekleidete Person, Avle Meteli, in Rednerstellung dar und trägt auf dem Besatz der Toga eine Widmung in etruskischer Sprache. Stilistisch gesehen ist die Statue der römischen Kunst verwandt (Ende 2. Jh. v. Chr.). In den Vitrinen befinden sich kleine Votivbronzen, die Gottheiten und Spender darstellen.

Im Raum XV sind etruskische Bronzegegenstände aus der Frühzeit bis zum 3. Jh. v. Chr. ausgestellt. In der Zentralvitrine ist eine bemerkenswerte Bronzesitule aus Bolsena zu sehen; sie trägt ein feinzisieliertes Basrelief (3. Jh. v. Chr.). Die Räume XVI, XVII, XVIII, XIX, XX enthalten das numismatische Kabinett und eine Sammlung von Kostbarkeiten; sie können nur mit Genehmigung der Direktion besichtigt werden.

Der Korridor XXI führt in den langen Korridor XXII "dell' Annunciata" (Verkündigung) genannt, wo sich Ziegel, Urnen, Deckel und Aschenurnen etruskischer Herkunft befinden.

Im zweiten Stock, in dem sich die prähistorische Abteilung befindet, sind Fundstücke aus der Zeit von 6000 bis 1800 v. Chr., die nach geographischen Zonen in den Räumen I-VI aufgeteilt sind.

In den Räumen VII-XV befinden sich, chronologisch geordnet, Terrakotta-Gefäße aus lokalen Werkstätten aus ganz Italien.

Im Raum VII sind griechische und etruskische Gefäße aus dem 7. bis 6. Jh. v. Chr. Hier findet man protokorinthische, korinthische, ionische, chalkidische sowie geometrisch-italische Beispiele. Im Raum VIII werden italische Gefäße sowie bikonische Urnen und Urnen in Hüttenform aus dem 9. – 8. Jh. v. Chr. aufbewahrt. Im Raum IX findet man Ge-

Spiegel (Rückansicht)

fäße aus feiner Bucchero-Keramik (7. – 6. Jh. v. Chr.), die von den eleganten Formen griechischer Gefäße inspiriert sind. In Raum X werden Gefäße in schwerer Bucchero-Keramik, die mit Maskeronen und aufgesetzten kleinen Plastiken überladen sind, ausgestellt. Im Raum XII befindet sich eine Reihe attischer rotfiguriger Gefäße, deren größter Teil aus der Sammlung Campana stammt, die überwiegend zwischen Ostia, Veji und Cerveteri gefunden wurden.

Raum XIII enthält etruskische und apulische Gefäße. Das bedeutendste Gefäß ist der "Cratere degli Argonauti" (Argonauten-Kratèr, über der Vitrine in der Mitte des Saals), der um 390 v. Chr. zu datieren ist.

Im Raum XIV befinden sich etruskisch-campanische Gefäße aus dem 3. bis 2. Jh. v. Chr. Raum XV enthält Terrakotten aus Arezzo, Tuscania etc. Man geht zurück zu Raum VI und gelangt in Raum XVII. Hier findet man den mit lebhaften Farben bemalten Terrakotta-Sarkophag der "Larthia Seianti", der 1877 in der Nekropole "Marcianella" bei Chiusi gefunden wurde. Bemerkenswert ist die reiche Modellierung des Faltenwurfs und auch die Metopen- und Triglyphenverzierung des Sarkophags.

Im Raum XVIII befinden sich Kopien der Fresken aus dem Grab ''Castel Rubello'' in Orvieto.

Die Räume XIX-XX enthalten die Fresken der Gräber Golini I und II von Orvieto.

In den Räumen XXI-XXVII (zur Zeit leider geschlossen) werden die Faksimile-Malereien der Gräber in Tarquinia und Chiusi aufbewahrt.

In den Räumen XXVIII, XXIX, XXX befinden sich die Funde aus dem Grab ''François'' von Vulci.

Von Florenz aus kann man eine Reihe kleiner Ortschaften erreichen, die großartige Zeugnisse der etruskischen Kunst aus der orientalisierenden Phase bewahrten; ein Zeichen des Reichtums des Landadels dieser Gegend.

In Quinto Fiorentino, an der Straße nach Prato, sind drei große Tumulusgräber entdeckt worden, von denen heute nur eines bequem besucht werden kann, das sogenannte ''Montagnola'' (7. Jh. v. Chr.) bei der Villa Manfredi, Via Fratelli Rosselli (man wende sich an Haus Nr. 95). Es handelt sich um einen Tumulus von etwa 70 m Durchmesser. Der lange Dromos führt in einen Vorraum, an den sich zwei rechteckig angelegte Seitenkammern anschließen, gegenüber befindet sich eine Tür mit Spitzbogen, die in einen kreisförmigen Raum führt, der von einem Kraggewölbe überdeckt ist und einen großen Pfeiler in der Mitte hat. Auch der Vorraum und die Seitenkammern haben ein Kraggewölbe.

Zwischen Comeana und Artimino liegen im Arno-Tal zwei große Tumulusgräber.

Das erste ist in der Ortschaft Boschetti: Der Tumulus ist zerstört, es sind die Reste einer rechteckigen Kammer zu sehen, die aus großen Platten gebaut war; der Fußboden besteht ebenfalls aus Platten. Das Grab ist Ende 7. Jh. v. Chr. erbaut. Das zweite liegt in der Ortschaft Montefortini. Der Tumulus besteht aus einer kreisförmigen Steintrommel, die sich zu einer rechteckigen Terrasse ausweitet, die das Gegenstück zum Eingang darstellt; der Dromos führt in einen Vorraum, der ein Kraggewölbe hat, daran schließt sich ein rechteckiger Raum, ebenfalls mit einem Kraggewölbe, an, an dessen Wänden eine Konsole entlangläuft.

Bei Comeana sind auch Reste einer Ansiedlung, die zwischen dem 7. u. 2. Jh. v. Chr. bewohnt war, gefunden worden.

GROSSETO

6-C1

EPT Via Monterosa 206
Tel. 0564/22534
🛏 LORENA
Via Trieste 3
Tel. 0564/25501
🛏 LA MAREMMA
Via Fulceri Paolucci 5/A
Tel. 0564/22293
🛏 DUOMO
Via D'Azeglio 3
Tel. 0564/20093

✕ LA TANA DEL PESCATORE
Via Aurelia nord 100
Tel. 0564/23813
(Montag geschlossen)
✕ SAN GIORGIO
Viale Matteotti 64
Tel. 0564/201688
(Montag geschlossen)
▲ CIELOVERDE
Marina di Grosseto
Tel. 0564/35684

Grosseto ist keine etruskische Stadt, aber hier befindet sich das Museo Archeologico e d'Arte della Maremma (Museum der Archäologie und der Kunst von Maremma) in der Piazza Baccarini (Öffnungszeiten: wochentags 9 – 12 Uhr, feiertags 10 – 13 Uhr, mittwochs geschlossen).

In einer umfangreichen dokumentarischen Abteilung sind anhand einer Fülle von Daten mit kartographischen Reliefs und speziellen Erläuterungen zu den Grabungsfunden die Ausgrabungen von Rosselle erklärt.

GROTTA PORCINA

7-C2

Nicht weit von Vetralla entfernt liegt Grotta Porcina. In einem bewaldeten Tuffsteintal liegen zahlreiche Felsengräber. Von einer bewohnten Siedlung sind keine Spuren geblieben. In der Mitte des Tals steht ein Altar, angelegt auf einem runden, aus dem Tuff geschlagenen Sockel. Der Altar ist mit einem Relieffries verziert (6. Jh. v. Chr.). Unter den Kammergräbern mit Tumulus, nördlich und östlich des Altars gelegen, ist der Tumulus ''Grande Ruota'' (großer Kreis). Er verfügt über drei in den Tuffstein gegrabene Kammern mit Kassettendecken. Bemerkenswert ist auch das benachbarte Kammergrab mit einem Satteldach.
In Richtung Monteromana (ca. 3 km) liegt die kleine Felsennekropole von Cerrachio.

LUNI SUL MIGNONE

7-B3

Auf einer kleinen Hochebene nördlich der Tolfaberge liegt Luni sul Mignone, das nur zu Fuß vom verlassenen Bahnhof von Monteromano aus zu erreichen ist. Die Ausgrabungen in den Jahren 1950 bis 1963 haben es ermöglicht, die Geschichte der Siedlung zu rekonstruieren, und den Beweis erbracht, daß sie seit der Bronzezeit (14. – 9. Jh. v. Chr.) bis zur etruskischen Epoche ständig bewohnt war; sie lebte von der Landwirtschaft, war vielleicht an der Metallverarbeitung der Villanova-Epoche beteiligt und später eine von Tarquinia abhängige Befestigungsanlage.
Aus der frühesten Besiedlung sind Reste von drei langge-

streckten Häusern vorhanden; von der etruskischen Siedlung, im östlichen Gebiet der Hochebene, sind ebenfalls, halbversteckt in der Vegetation, wenige Überreste einiger Häuser gefunden worden, und außer den Überresten einer Befestigung sind noch Stadtmauerreste aus Tuffsteinblöcken am Rande der Hochebene (6. – 4. Jh. v. Chr.) zu sehen.

In dem westlichen Gebiet befinden sich die Reste eines Kultbaus, der aus einer natürlichen Grotte und einem Villanova-Gebäude bestand; aus etruskischer Epoche stammt ein Verteidigungsgraben, der die Hochebene in zwei Teile teilt.

MAGLIANO IN TOSKANA

7-A1

Das Gebiet von Magliano ist reich an Nekropolen, die ab Ende 7. Jh. v. Chr. benutzt wurden. Etwa in die gleiche Zeit ist der Untergang von Marsiliana d'Albegna zu datieren, das wenige Kilometer von Magliono entfernt lag. Vielleicht sind die Einwohner aus uns unbekannten Gründen nach Magliono übergesiedelt. Die Nekropolen, die südlich des heutigen Ortes liegen, haben einfach angelegte, in den Tuffstein gehauene Kammergräber und ein paar aus Stein erbaute Gräber mit Kraggewölbe. In dem Gebiet Le Ficaie liegt das einzige Grab, das heute besichtigt werden kann: Es wird "Grotta Dipinta" (bemalte Grotte) genannt. Die Malerei des Bestattungsraums ist heute nicht mehr erkennbar; sie wurde durch

Bleiplatte mit religiöser Inschrift

Kritzeleien früherer und heutiger Besucher zerstört. Das Fundmaterial der Gräber befindet sich zum größten Teil im Archäologischen Museum in Florenz. Aus dem Gebiet der Stadt stammt eine Bleiplatte von etwa 8 cm Durchmesser, "Piombo di Magliano", die auf beiden Seiten eine eingravierte Inschrift in Spiralform trägt. Das Stück wurde auf das 5. bis 4. Jh. v. Chr. datiert; die Inschrift enthält Namen von Gottheiten und Vorschriften für die Opferbringung.

MANTOVA/BAGNOLO S. VITO

1-B1

EPT a Mantova
Piazza Mantegna 6
Tel. 0376/327044
⊨ S. LORENZO a Mantova
Piazza Concordia 14
Tel. 0376/327044
⊨ DANTE a Mantova
Via Corrado 54 -
Tel. 0376/326425
⊨ RICCO
a Bagnolo S. Vito
Via Roma 129
Tel. 0376/327101
(Montag abend und
Dienstag geschlossen)

✗ CENTO RAMPINI
a Mantova Piazza Erbe 11
Tel. 0376/366349
(Montag geschlossen)
Λ SPARAFUCILE
Località Lunetta S. Giorgio
Via Legnanese,
Tel. 0376/322415

Mantova wurde nach Meinung einiger alter Schriftsteller von den Etruskern gegründet. Bis heute ist diese Meinung jedoch nicht durch archäologische Funde bewiesen worden; nicht weit von der Stadt entfernt, im Gebiet der Kommune Bagnolo S. Vito, bei Forcella-Corte Berla hat man durch Kernbohrun-

gen des Geländes Reste einer etruskischen Siedlung aus dem
5. Jh. v. Chr. gefunden; um mehr über die Verbreitung des
etruskischen Einflusses im Padanischen Tal zu erfahren, wird
man dort wahrscheinlich in nächster Zukunft mit Ausgrabungen beginnen.

MARSILIANA D'ALBEGNA

7-A2

🛏 CORALLO, Pension
ad Albinia
Via Paolieri 27
Tel. 0564/870065
🛏 AL FAGIANO
ad Albinia
Via Aurelia sud 149
Tel. 0564/870048
✕ DA RENATO
ad Albinia
S.S. Aurelia, Km. 150
Tel. 0564/870030
(Montag geschlossen)
▲ VOLTONCINO
S.S. Aurelia, Km. 153
Tel. 0564/870158

Elfenbeinkamm (7. Jh. v. Chr.)

Im Gebiet von Marsiliana gibt es Nekropolen mit sehr reich
ausgestatteten Gräbern, jedoch wurden keine Spuren von einer Siedlung gefunden. Alle Gräber stammen aus dem 7. Jh.
v. Chr.; typisch für die Gegend sind die Kreisgräber, Fossagräber, die im Inneren eines Kreises aus Travertinplatten angelegt sind und einen Durchmesser zwischen 15 und 25 m haben. Es gab hier auch Kammergräber mit Tumulus und einfa-

che Pozzo- und Fossagräber. Die Tatsache, daß die Gräber nur in dem begrenzten Zeitraum einiger Generationen benutzt wurden, läßt darauf schließen, daß der Ort für einen kurzen Zeitabschnitt bewohnt war und dann verlassen wurde. Die vielfach wertvollen Grabbeigaben weisen auf die Existenz reicher Familien hin. Es sind Schmuckstücke gefunden worden, viele Gegenstände aus Elfenbein, die vielleicht aus Vulci oder Cerveteri stammen, etruskisch-korinthische Keramik und Bronzen aus Vetulonia.

Das bedeutendste Stück ist ein rechteckiges Elfenbeintäfelchen mit zwei kleinen Löwen-Protomen; es trägt am Rand eingeritzt die Buchstaben des griechisch-chalkidischen Alphabets. Solche Täfelchen dienten zum Schreiben. Sie wurden mit einer dünnen Wachsschicht überzogen, auf die man mit einem Stift aus Knochen die Buchstaben einritzte.

Das Täfelchen stammt aus dem Zeitraum, in dem sich die Schrift in Etrurien verbreitete.

Alles aus dieser Gegend stammende Fundmaterial wird im Archäologischen Museum in Florenz aufbewahrt.

MARZABOTTO

1-C4

EPT Vedi Bologna
🛏 PICCOLO PARADISO
a Sasso Marconi
Località Leone,
Tel. 051/841351
✗ TRE GALLETTI
a Sasso Marconi
Uscita Autostrada,
Via Setta 158
Tel. 051/841128

Ⲁ PICCOLO PARADISO
a Sasso Marconi
Località Leona
Tel. 051/842680

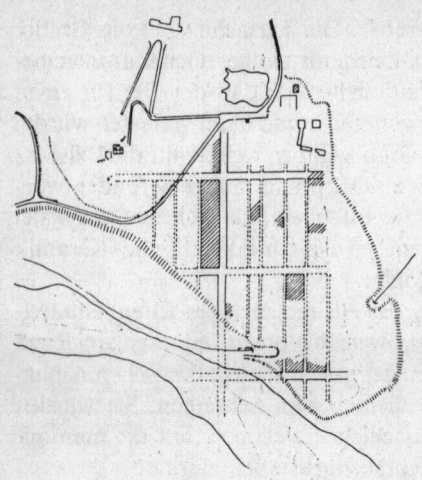

Stadtplan von Marzabotto

Nicht weit von Marzabotto entfernt, im Gebiet von Pian di Misane und Misanello, sind die Überreste einer im 6. Jh. v. Chr. gegründeten etruskischen Stadt gefunden worden. Mit ihrer systematischen Ausgrabung begann man 1865. Anfang des 5. Jh. v. Chr. wurde die Stadt nach einem festgelegten Plan mit von der Disciplina Etrusca vorgeschriebener Ausrichtung ausgebaut.

Zwei sehr breite Hauptstraßen (15 m), der Cardo, der von Norden nach Süden, und der Dekumanus, der von Osten nach Westen verläuft, kreuzen sich im rechten Winkel. Weniger breite Straßen (5 m) laufen parallel zum Dekumanus. Nicht weit von der Stadt entfernt liegt die Akropolis. Ihre Gebäude sind ebenfalls nach der vorgeschriebenen Himmelsrichtung angelegt (oder nach der Nord-Süd-Achse der Erde ausgerichtet).

Marzabotto ist einer der wenigen etruskischen Orte, die nicht auf einem bereits von den Villanovanern besiedelten Gebiet entstanden sind und sich deshalb ohne Einschränkung durch bereits vorhandene Strukturen frei entwickeln konnten.

Da die Stadt bereits 400 v. Chr. verlassen wurde, brachten die archäologischen Ausgrabungen eine nicht durch spätere Epochen veränderte etruskische Stadt ans Tageslicht.

In der kurzen Zeit ihres Bestehens war die Stadt wahrscheinlich ein Handelszentrum und stellte vor allem dekorierte Terrakotten und Bronzegegenstände her.

Dies läßt sich aus der Gegenwart von Brennereien und Werkstätten für die Metallverarbeitung folgern.

Die Grundrisse der Häuser kann man anhand der ausgegrabenen Fundamente erkennen. Die Wände bestanden aus ungebrannten Ziegelsteinen, die Dachkonstruktionen waren aus Holz, die mit zum Teil verzierten Ziegeln bedeckt waren. Viele Häuser hatten einen Brunnen. Es gab auch Wasserleitungen aus Terrakotta, die die Werkstätten mit Wasser aus einer Quelle bei der Akropolis versorgten, und die Straßen waren von Regen-Abflußrinnen gesäumt.

Das Ausgrabungsgebiet und das Museum von Marzabotto liegen, wenn man aus Richtung Bologna kommt, etwa 500 m vom Ort entfernt an der SS Porretana (Öffnungszeiten Museum: 9 – 12 Uhr, 15 – 18.30 Uhr; Ausgrabungszone: 8 Uhr bis eine Stunde vor Sonnenuntergang; der Eintritt ist frei).

Die Besichtigung der archäologischen Zone ermöglicht dem Besucher, sich eine sehr genaue Vorstellung von der etruskischen Stadt und ihrem täglichen Leben zu machen. Das Museum zeigt eine große Sammlung von Tafel- und Küchengeschirr und Arbeitsgeräten: Zangen, Matern für Terrakotta- und Bronzeabdrücke, Webspulen, Gewichte, Mahlsteine.

Besonders interessant sind auch die Rekonstruktionen aus Fragmenten: Dächer, Wasserleitungen aus Ton, Brunnenumrandungen und die Fragmente von Architekturterrakotten.

Zahlreich sind auch die Bronzestatuen, die man in der Nähe der Akropolis in einem Votiv-Aufbewahrungsraum fand.

Zu den wichtigsten Funden gehören zahlreiche rotfigurige griechische Vasen und ein kleiner Kouroskopf aus griechischem Marmor (Anfang 5. Jh. v. Chr.).

Im Ausgrabungsgebiet kann man die aus Kieselstein gebauten

Fundamente der Häuser gut erkennen: Bemerkenswert sind auch die Überreste einer Brennerei mit einem Brennofen und einem aus kleinen Ziegeln erbauten großen Wasserbecken sowie auf der Akropolis die Überreste der Wasseranlage für die Wasserversorgung der Stadt und die ebenfalls aus Kieselstein gebauten Fundamente der Sakralbauten. Eines der Fundamente ist mit Travertinplatten umrahmt.

Im Südosten der Stadt liegt ein Gräberfeld mit Fossagräbern und Kassettengräbern aus schweren Steinplatten, die mit Symbolen verziert sind. Dieses Gräberfeld ist nach den Ausgrabungen des letzten Jahrhunderts sehr eindrucksvoll neu angelegt worden, entspricht jedoch nicht der ursprünglichen Anlage.

Nördlich der etruskischen Stadt, hinter dem Museum, befinden sich Überreste eines Heiligtums, das dem Heilwasserkult diente. Hier ist noch der Fußboden eines Raumes erhalten. Dieses Gebäude stammt vermutlich aus einer Zeit vor der Stadtgründung. Jenseits der Straße liegt die Nord-Nekropole in der archäologischen Zone der Villa Arias.

MONTERENZIO-MONTE BIBELE (BO)

2-A4

Auf dem Bergmassiv Bibele, das in der Antike reich an Kupfer war, brachten in dem Dorf Monterenzio die zehnjährigen Ausgrabungen die Reste eines etruskischen Bergbaudorfes aus dem 4. Jh. v. Chr. ans Licht: zehn rechteckige Häuser und eine Zisterne, auf Terrassen gebaut, die die abschüssigen Felsen ausglichen. Die Funde von Keramikscherben mit eingeritzten etruskischen Schriftzeichen und keltischer Gegenstände lassen vermuten, daß der Ort gleichzeitig von beiden ethnischen Gruppen bewohnt war.

Bei den Ausgrabungen der Häuser fand man interessante Arbeitswerkzeuge aus Metall und Keramik. Aus der Nekropole mit den etwa hundert Fossagräbern stammen die Grabbeigaben, die zusammen mit dem übrigen Fundmaterial in dem kleinen städtischen Museum (Museo Civico "L. Fantini") in Monterenzio (Öffnungszeiten: werktags 9 – 13 Uhr, samstags und feiertags 9 – 13 Uhr, 15 bis 18 Uhr, montags geschlossen) aufbewahrt werden. Die Grabbeigaben für die Männer bestanden aus Keramiken für Festmahle und Waffen, für die Frauen aus Geschmeide und Nähspulen.

MONTI DELLA TOLFA (Tolfaberge)

7-B3

Die Tolfaberge (in der Antike wurden sie Ceriti genannt, weil sie zur etruskischen Stadt "Cere" gehörten) sind vulkanischen Ursprungs und liegen zwischen Civitàvecchia und S. Marinella. Die Metallvorkommen machten dieses Gebiet bedeutend: Silber, Alaun, Zink, Kupfer, Blei, Schwefelkies; der Bergbau florierte vor allem im 7. u. 6. Jh. v. Chr.
Die Lage der Hauptsiedlung konnte bis jetzt nicht festgestellt werden, wahrscheinlich muß man sich ausschließlich auf die kleinen Orte beziehen, die neben dem Abbau der Mineralien von der Viehzucht, der Holzverarbeitung und der Keramikherstellung lebten.
Die Nekropolen, die überwiegend zwischen Tolfa und Monterano gelegen waren, befinden sich in den Gebieten Grottini, Ferrone, Pian della Conserva, Pian Cisterna, Rota, Stigliano, Caselone, Tor Cimina.
In Pian della Conserva gibt es verschiedene, teilweise mit Zugangsrampen versehene Tumulusgräber. Auffallend ist eine Gräberstraße, die in den Tuffstein gegraben ist und an klei-

nen Gräbern entlangführt. In Grottini findet man Kammergräber, vorwiegend aus dem 6. Jh. v. Chr.; sie enthalten Totenbänke und Totenbetten in Sarkophagform im Stil von Cerveteri. Aus diesen Gräbern hat man Bronzeschnallen, Keramikgefäße (Impasto- und Buccherogefäße) sowie schwarz- und rotfigurige Gefäße geborgen.

Im Rathaus von Tolfa ist das Stadtmuseum eingerichtet. Unter den Fundstücken, die aus dieser Gegend stammen, ist eine Keramiksammlung mit griechischen und etruskischen Gefäßen hervorzuheben; bemerkenswert eine Amphore des "Meisters von Tolfa" und ein attischer, schwarzfiguriger Skyphos von Saphylos.

MURLO - POGGIO CIVITATE

4-A4

Praktische Hinweise s. Siena

Poggio Civitate ist vor allem wegen eines in Pian del Tesoro ausgegrabenen Gebäudekomplexes zu erwähnen. Dieses außergewöhnlich eindrucksvolle Gebäude war vielleicht ein kultureller Bezugspunkt für verschiedene etruskische Städte. Man kann eine erste, ältere Struktur erkennen (7. Jh. v. Chr.), die ein Jahrhundert nach ihrer Errichtung durch einen Brand zerstört wurde. Der folgende Komplex wurde vom ersten bis dritten Viertel des 6. Jh. v. Chr. benutzt; er hatte eine Seitenlänge von etwa 60 m und bestand aus vier Flügeln, die um einen Hof herum angeordnet waren: Im Norden, Süden und Osten waren die Seiten zum Innenhof hin laubengesäumt, im Westen befand sich ein kleines "Templum". Das Dach dieses Gebäudes (gebaut aus Lehmziegeln, verstärkt mit Holz) war mit Terrakotten verziert (zu sehen im Palazzo

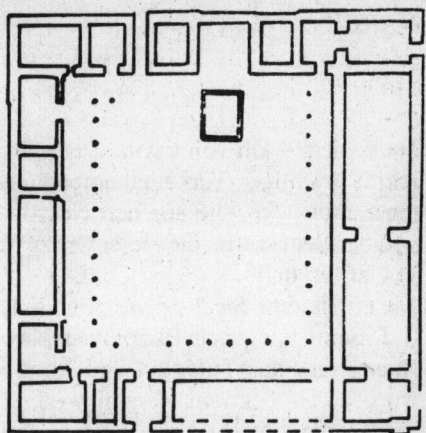

Grundriß des Heiligtums
"Poggio Civiate"
(6. Jh. v. Chr.)

Comunale di Siena), die vermutlich Künstlern aus Chiusi zuzuschreiben sind. Außerdem wurden sitzende Tonstatuen gefunden, die den First des Daches krönten. Sie haben entweder einen Bart und sind mit langen Umhängen und einem Hut mit breiter Krempe bekleidet oder sind weibliche Statuen (2. Hälfte des 6. Jh. v. Chr.). Die Verkleidungsplatten aus Ton sind besonders alt, wie jene von Poggio Buco: Sie sind mit Reliefs verziert, die Bankettszenen darstellen und mit Matrizen hergestellt. Man weiß nicht, ob die dargestellten Figuren Gottheiten oder örtliche Fürsten darstellen.

In dem alten Gebäude wurden Keramiken unterschiedlichster Art und Herkunft gefunden.

In letzter Zeit sind auch in den Gebieten von Cerveteri und am Accesa-See bei Grosseto Gebäudekomplexe gefunden worden, die dem von Murlo entsprechen, der damit seine Eigenart als "Unikum" verloren hat. Einige Wissenschaftler haben die Hypothese aufgestellt, daß diese Architekturtypologie mit großzügigem Innenhof mit der des "Forum" zu vergleichen sei, dem öffentlichen Platz mit Bogengängen, der die römischen Städte kennzeichnet.

NARCE

8-A3

Narce liegt 9 km von Civita Castellana entfernt und war ein relativ wichtiger Verkehrsknotenpunkt. Die bemerkenswerten Fundstücke, die aus den Nekropolen stammen, zeugen von der Bedeutung, die dieser Ort zwischen dem 7. und 4. Jh. v. Chr. erlangte.

Die etruskische Siedlung verschob sich von Narce nach Monte li Santi und nach Pizzo Piede, wo unterirdische Gänge, Mauerwerk aus Tuffstein und Reste von Straßen gefunden wurden. Gräber und Keramikwerkstätten wurden vor kurzem in dem Sattel zwischen Narce und Monte li Santi ausgegraben. Südlich gibt es verschiedene Felsenmonumente, eine bemerkenswerte Treppe und einen Felsenthron mit Fußstütze. In letzter Zeit wurden Gefäße unterschiedlicher Herkunft gefunden, darunter Bucchero- und Impasto-Keramiken, die, charakteristisch für dieses Gebiet, mit Zeichnungen und Graffiti verziert sind und Henkel in Tierkopfform mit Zügen der späten orientalisierenden Phase haben. Auffallend sind die großen Bronzeschilde, die mit Treibarbeiten verziert sind. Auf Tuffstein-Sarkophagen sind zahlreiche Inschriften gefunden worden. Der größte Teil der Grabungsfunde ist im Museum Villa Giulia in Rom untergebracht.

NORCHIA

7-B2

Im Hinterland von Tarquinia gelegen, wenige Kilometer von Vetralle entfernt, liegt Norchia, einer der interessantesten Orte Südetruriens. Denn seine Nekropole — ab 4. Jh. v. Chr. —

beherbergt eine Vielfalt unterschiedlicher Grabtypen, die eindrucksvoll und großartig im Biedano-Tal und den Nebentälern Acqualta und Pile liegen.

Im Pile-Tal findet man die für diese Stadt typischsten Gräber: Sie liegen auf in den Felsen gehauenen Terrassen; im oberen Teil erheben sie sich majestätisch und haben eindrucksvolle Doppelfassaden, die untere Fassade ist von Säulen gestützt. Unter den ersten Gräbern, auf die man trifft, ist das ''Tomba delle tre teste'' bemerkenswert, das wegen seiner drei Protomen, die über der Scheintür der Fassade hervorragen, so benannt ist. Wenn man weitergeht, findet man die ersten einfachen Würfelgräber mit Portikus: Tomba Prostila, Tomba Ciarlanti und Tomba a Camino. Dann folgt der monumentale Gräberkomplex Tombe Smurinas. So benannt nach der Familie, deren Name in die Sarkophage gemeißelt ist. Die Gräber beeindrucken durch die typischen Würfelfassaden mit vorgelagertem Portikus mit doppelter Säulenreihe. Außerdem sind die Cippen, die auf der Plattform errichtet sind, interessant.

Rekonstruktionen
der Tempelgräber

Die einfacheren Gräber, die ungefähr in der Mitte der Schlucht liegen, verdienen ebenfalls Beachtung: Einige von ihnen sind aus Tuffsteinblöcken, eines ist ein Doppelgrab mit zwei Scheintüren, von denen eine die Inschrift des Grabeigentümers trägt.

Etwas weiter, am Ende des Tals, gibt es ein Grab mit Scheintür, die von einem Basrelief überdeckt ist: Es stellt eine lebensgroße menschliche Figur dar, von der die untere Hälfte noch erhalten ist: Die Bekleidung und der Hammer in der rechten Hand lassen vermuten, daß es sich um den "Caronte etrusco" (etruskischer Unterweltdämon, mit Tierohren und Geierschnabelnase mit einem großen Hammer) handelt.

In dem Teil der Nekropole, wo die drei Flußtäler zusammentreffen, ein bewaldetes Gebiet, erhebt sich das Tomba Lattanzi, das leider ziemlich verfallen ist. Es ist nach einer sehr ausgefeilten hellenistischen Typologie erbaut worden.

Ein ebenfalls bemerkenswerter Komplex dehnt sich über das ganze, breite Acqualte-Tal aus. Hier befinden sich auch die beiden berühmten "Tempelgräber" (3. Jh. v. Chr.). Die nebeneinanderliegenden Fassaden in Form eines Tempels waren mit Brüstung und Säulen (heute leider nicht mehr vorhanden) ausgestattet und mit dorischem Gebälk überdeckt. Der Giebel hat Gorgoneion an den Ecken. Die Basreliefs des Giebelfeldes mit mythologischen Szenen sind ziemlich verwittert. Auf dem linken Teil, von dem ein Stück fehlt (heute im Archäologischen Museum von Florenz), sind bewaffnete Männer dargestellt, die zur Mitte gewandt sind; an den äußeren Seiten Verwundete, die von Kameraden gestützt werden.

Auf dem rechten Teil, der lebhafter gestaltet ist, sieht man eine geflügelte Figur in Begleitung von zwei Personen, die kampfbereit erscheinen.

In die Hinterwand ist in einer späteren Epoche eine Prozession gemeißelt worden, die sich nach links bewegt, geführt von einer Gottheit der Unterwelt.

In den Gräbern von Norchia, die über lange Zeit hinweg geplündert wurden, hat man nur noch wenige Funde entdeckt. Es soll aber auf eine Grabausstattung hingewiesen werden, die fast vollständig ist und im Stadtmuseum von Viterbo aufbewahrt wird.

ORBETELLO

6-C2

[AA] Corso Italia 117
Tel. 0564/867389
⚓ ✕ CORTE DEI BUTTERI
Via Aurelia, km. 156
Tel. 0564/8855546
⚓ I PRESIDI, Pension
Via Mura di Levante
Tel. 0564/867601
⚓ IL CACCIATORE
Via Aurelia, km. 146
Tel. 0564/862020

✕ LA BERSAGLIERA
MAREMMANA
Via Roma 18
Tel. 0564/867319
✕ LA FIORENTINA
Piazza Garibaldi 5
Tel. 0564/867219
▲ AGRITURISTICA
GIANNELLA
Località Giannella
Tel. 0564/820201

In der Lagunenstadt Orbetello ist ein Teil der Stadtmauer, die auf der Lagune aus polygonalen Sandsteinblöcken errichtet war, erhalten; die Steinblöcke stehen im Wasser auf Pfählen aus Eichen- oder Pinienholz.

Einmalig für Etrurien erfüllen die Stadtmauern auch die Funktion einer Hafenmauer, jedoch von der etruskischen Stadt ist leider nichts mehr erhalten.

Aus den auf dem Festland gelegenen Nekropolen stammen eine Reihe interessanter Funde aus dem Zeitraum der späten Villanova-Epoche bis zur hellenistischen Epoche.

Sie werden zum Teil im Antiquarium von Orbetello, via Ricasoli 26, aufbewahrt (Öffnungszeiten Sommer: 8 – 13 Uhr, 16 – 18 Uhr; Winter: 10 – 13 Uhr, 14.30 – 18 Uhr; samstags geschlossen).

Bemerkenswert ist eine Tafel in getriebener Bronze, die mit einem Emblem, das eine Meduse darstellt, verziert ist.

Die Gründung der römischen Kolonie Cosa (273 v. Chr.), weiter südlich, bestimmte den Niedergang von Orbetello.

In der Nähe des heutigen Ortes Ansedonia können die Überreste von Cosa besichtigt werden, die außer den Resten der

Stadtanlage ein einzigartiges Werk der Technik beherbergt, die sogenannte "Tagliata Etrusca": ein Kanal, der in den Felsen gehauen ist. Er diente zur Regulierung des Zu- und Abflusses des Wassers im Hafen. Trotz seines Namens handelt es sich jedoch um ein römisches Werk.

ORVIETO

7-C1

AA Piazza Duomo 24
Tel. 0753/5172
ITALIA, Pension
Via Piazza di Popolo 13
Tel. 0753/33045
POSTA, Pension
Via Signorelli 18
Tel. 0753/35109
VIRGILIO
Via delle Scalette 1
Tel. 0753/35252

IL MORINO
Via Garibaldi 37
Tel. 0753/5152
DELL'ANCORA
Via Piazza di Popolo 7/11
Tel. 0753/5446
ORVIETO, al lago di
Corbara
SS. 448, km 3.770
Tel. 0744/950240

Seine Blütezeit hatte das etruskische Orvieto zwischen dem 6. und 4. Jh. v. Chr.; die Stadt war ein Handelszentrum, das durch den nahen Tiber mit dem Gebiet Latium Verbindung hatte.
Außerdem wurden hier Architekturterrakotten für Tempel und Keramik hergestellt. Die Stadt ist vermutlich mit der von den Römern "Folsinii Veteres" genannten gleichzusetzen und wurde von vielen antiken Autoren als äußerst reiche und alte Stadt und Hauptstadt Etruriens bezeichnet.
Einige dieser Autoren meinten auch, daß sich im Gebiet von Orvieto das Zentralheiligtum der Etrusker, "Fanum Voltunnae", befand. Im 3. Jh. v. Chr. wurde die Stadt von den Rö-

mern zerstört; sie erbauten ein neues Zentrum, Volsinii Novi am Bolsena-See, das für den Handel günstiger lag.

Für einen gewissen Zeitraum war Orvieto verlassen und wurde erst in der Spätantike wieder besiedelt, um dann im Mittelalter wieder aufzublühen.

Im städtischen Zentrum fand man einige Überreste von Tempeln und viele Teile der Tempeldekoration aus Ton. Gut erhalten ist der Belvedere-Tempel (5. Jh. v. Chr.). Er hat die kanonische Form eines etruskischen Tempels, steht auf einem Podium, hat eine Cella in der Mitte, zwei kleinere Räume rechts und links und eine Vorhalle mit zwei Säulenreihen. Der Tempel ist aus Tuffstein gebaut. Zahlreich und gut erhalten sind die wiedergefundenen Fragmente von Koroplastiken aus drei verschiedenen Phasen. Die Nekropolen von Orvieto sind sehr wichtig. Entlang der

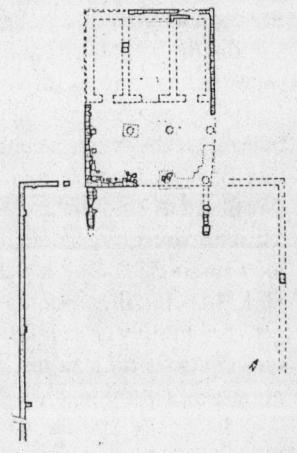

Grundriß des Belvedere-Tempels
(5. Jh. v. Chr.)

Straße, die von Orvieto zum Bahnhof verläuft, liegt die Nekropole Crocifisso del Tufo (ab Ende 6. Jh. v. Chr.). Die sich ähnelnden Gräber, Würfelgräber mit einer Kammer und einem kleinen Vestibül, sind gruppenweise nach einheitlichem Plan errichtet und von einem schachbrettartigen Straßennetz durchzogen, nach dem Hippodamischen Plan einer Stadt. Die Gräber haben eine schlichte Fassade, über dem Grabzugang liegt ein langer Tuffblock, der eine Inschrift mit dem Namen des Grabherrn trägt.

Im Süden von Orvieto liegt die Nekropole Cannicella, von der jedoch nicht viel zu sehen ist. Sie wurde ab Ende des 7.

Jh. v. Chr. benutzt. Die in den Tuff gehauenen Kammergräber und die Kassettengräber enthielten reiches Fundmaterial. Bei Sette Camini, südöstlich von Orvieto, liegt eine etruskische Nekropole mit einigen bedeutenden Grabanlagen. Von zwei bemalten Kammergräbern löste man die Fresken, die heute im Archäologischen Museum von Florenz aufbewahrt werden. Sie sind Ende 4. Jh. v. Chr. zu datieren und zeigen Szenen aus dem häuslichen Leben und Bankettszenen.

Ein drittes bemaltes Grab wurde in Poggio Rubello nahe Porano (ca. Anfang 3. Jh. v. Chr.) entdeckt. Es ist das Grab der Familie Hescanas, wie man aus den Inschriften, die die Abbildungen der Verstorbenen auf den Wänden der Grabkammer begleiten, entnehmen kann.

Größtenteils sind die archäologischen Funde der Stadt in den Museen von Orvieto aufbewahrt; Keramik und Sarkophage im Museo dell' Opera del Duomo (Öffnungszeiten: 10 – 12 Uhr, 14 – 16 Uhr, montags geschlossen) und eine ausgezeichnete Sammlung griechischer und etruskischer Vasen im Museo Civico Fondazione Faina gegenüber dem Dom (Öffnungszeiten Sommer: 9 – 13 Uhr, 15.30 – 18 Uhr; Winter: 9 – 13 Uhr, 14.30 – 16.30 Uhr, montags geschlossen).

Wichtig sind vor allem die drei Vasen, die mit malerischen Unterweltdämonen verziert sind, darunter die Göttin Vanth, die den drei Vasen auch den Namen gab, sie werden als "Vanth-Gruppe" bezeichnet.

Außerdem befinden sich hier die Terrakotten, die im Belvedere-Tempel gefunden wurden, die das hohe Niveau der Koroplastik-Herstellung bezeugen (Anfang 4. Jh. v. Chr.) und die Venere (Venus) delle Cannicella genannte Marmorstatue (Mitte 6. Jh. v. Chr.), die in der gleichen Nekropole gefunden wurde. Sie ist einzigartig, weil sie eine nackte Frauenfigur ist, ansonsten unbekannt für die Epoche. Bemerkenswert ein Cippus mit einem großen Kriegerkopf.

PERUGIA

5-A4

EPT Corso Vannucci 30
Tel. 075/24841
⇌ BRUFANI
Piazza Italia 12
Tel. 075/20741
⇌ LA ROSETTA
Piazza Italia 19
Tel. 075/61080
✗ RICCIOTTO
Piazza Dante 19
Tel. 075/21956
✗ FALCHETTO
Via Bartolo 20
Tel. 075/61875
⅄ PARADIS D'ETE
Località Colle della Trinità
Via Strada Fontana
Tel. 075/79617

Grundriß des Volumniergrabes (2. Jh. v. Chr.)

Geographisch gesehen gehörte Perugia zur umbrischen Kultur, weist aber trotzdem etruskische Merkmale auf. Im 4. Jh. v. Chr. wurde es eine der wichtigsten etruskischen Städte. Seinen Reichtum verdankte die Stadt vor allem dem sie umgebenden fruchtbaren Land; jedoch bereits Anfang des 3. Jh. v. Chr. wurde sie von den Römern herausgefordert und der Macht von Rom unterworfen.
Die gewaltige etruskische Stadtmauer, aus quadratischen Travertinsteinblöcken errichtet, ist an verschiedenen Stellen noch sehr gut zu erkennen (Viale Indipendeza, Via C. Battisti). Die ältesten Überreste sind auf Mitte 4. Jh. v. Chr. datierbar. Auch einige alte Stadttore sind erhalten, sehenswert ist vor allem l'Arco di Agosto im Norden der Stadt (Piazza Fortebraccio), das auch Arco Etrusco genannt wird und von

zwei vorstehenden Türmen flankiert ist. Über dem Bogen ist ein Fries mit kleinen Pilastern und Schilden und darüber noch mal ein Bogen aus augusteischer Zeit angebracht.

An der Porta Marzia kann man noch am oberen Teil über dem Tor eine Balustrade sehen, zwischen deren Pfeilern drei männliche Figuren und zwei Pferde hervorstehen, vermutlich stellen die Figuren Schutzgötter der Stadt dar.

Zahlreiche Nekropolen liegen rund um die Stadt mit Fossagräbern, Kammergräbern und vielen Aschenurnen, die denen von Volterra ähneln.

Das Ipogo dei Volumni aus hellenistischer Zeit in der Nekropole Palazzone ist das interessanteste Grab. Es liegt 5 km von Perugia entfernt, Richtung Ponte S. Giovanni (Öffnungszeiten: 9 – 13 Uhr, 15 Uhr bis Sonnenuntergang, feiertags 9 – 12 Uhr). Es ist ein großes herrschaftliches Grab aus dem 2. Jh. v. Chr. Über eine steile Treppe gelangt man in das Atrium mit hohem Giebeldach. Auf jeder Seite gehen drei Grabkammern ab, und am Ende des Atriums ist ein Raum, der für die Urnen des Oberhauptes Arnth Velimnes Avles und seine direkten Nachkommen bestimmt war. Die Urnen des Hypogäum sind aus mit Stuck verziertem Travertinstein.

Die Nekropole Palazzone besitzt noch 38 weitere Kammergräber mit vielen Keramik-Grabbeigaben. Urnen aus diesen Gräbern sind im Pavillon neben dem Eingang des Volumniergrabs untergebracht.

In der Villa Sperandia, außerhalb der Porta S. Angelo gelegen, gibt es in den Tuffstein geschlagen ein Hypogäum mit Tonnengewölbe, in dem man einen Sarkophag aus spätarchaischer Zeit, der vermutlich in Chiusi hergestellt wurde, fand. Er ist der älteste Fund von Perugia. Im Osten der Stadt (Vorort Ferro di Cavallo) liegt die Kirche S. Manno, die auf den Überresten eines etruskisch-hellenistischen Grabs mit Tonnengewölbe steht und als Krypta der Kirche fungiert.

Das Museo Archeologico Nazionale dell' Umbria (Umbrisches archäologisches Nationalmuseum), das sich im ehemaligen Konvent der Kirche S. Domenico, Piazza Giordano

Bruno (Öffnungszeiten: 9 – 13.30 Uhr, feiertags 9 – 13 Uhr, montags geschlossen) befindet, beherbergt außer einer bedeutenden Sammlung prähistorischen Fundmaterials auch viele etruskische Grabbeigaben des Gebietes: Einige Cippen aus hellenistischer Zeit, der schon erwähnte Sarkophag, viele Urnen, einige Bronzegegenstände wie z. B. die getriebenen Bronzeplatten von einem Wagenbeschlag (Ende 6. Jh. v. Chr.) aus Castel San Mariano, viele etruskische und griechische Keramik und der Cippus Perusinus, der 1822 entdeckt wurde, mit einer 46 Zeilen langen etruskischen Inschrift. Es ist das drittlängste etruskische Schriftdenkmal, das wir kennen. Der Cippus stammt aus dem 2. Jh. v. Chr. und trägt den Text eines Eigentumsvertrages, vermutlich diente der Stein als Grenzstein. Das Gebiet von Perugia trägt auch an verschiedenen anderen Stellen etruskische Spuren.

In Bettona, das zwischen Perugia und Todi liegt, findet man Reste von etruskischen Mauern aus dem 4. – 3. Jh. v. Chr. aus Kalksteinquadern und eine Nekropole, in der das Ipogeo del Collo (2. Jh. v. Chr.) liegt.

In San Valentino di Marsciano und in Castel San Mariano fand man sehr interessante Bronzegegenstände aus archaischer Zeit, die heute in den Museen von Perugia, München und London zu sehen sind.

Aus dem Gebiet von Perugia am Trasimenischen See stammt auch die Bronzestatue ''Arringatore'' (Redner), die heute in Florenz ist, und aus Todi die Mars-Statue (Anfang 4. Jh. v. Chr.), die im Museo Gregoriano Etrusco im Vatikan aufbewahrt wird.

PITIGLIANO

7-B1

EPT vedi Grosseto
🛏 ✕ GUASTINI
Piazza Petruccioli 4
Tel. 0564/616065

s. auch Sorano und Sovana

Wie viele Städte in Südetrurien liegt auch Pitigliano auf einer Tuffhochebene, die von steilwandigen Schluchten umgeben ist. Bis heute ist der etruskische Name der Stadt nicht bekannt (vielleicht Caletra?), in archaischer Zeit war sie wahrscheinlich eine der Stationen auf der Handelsstraße, die Vulci mit Val di Chiana über Poggio Buco und Sovana verband.
Reste der etruskischen Stadtmauer aus Quadertuffsteinblöcken sind zwischen der mittelalterlichen Stadtmauer zu erkennen.
Bei den Ausgrabungen fand man Kassetten- und Kammergräber. Die Gräber und die Grabbeigaben, die üblichen Bucchero- und Impasto-Keramiken und einige attische Keramiken, stammen aus dem 7. und 6. Jh. v. Chr. Hervorzuheben sind ein spätattischer Teller und das Tonmodell eines Zweigespanns.
Im Museo Civico (örtliches Museum) befindet sich der größte Teil der Funde; bedauerlicherweise ist es nur selten geöffnet. Auch im Archäologischen Museum von Grosseto kann man einige Ausgrabungsfunde aus Pitigliano sehen.

POGGIO BUCO

7-A1

➤ IL BOSCACCIO
a Manciano, Tel. 0564/629202
➤ MIRAVALLE
a Manciano, Via Gramsci 42
Tel. 0564/629145

Poggio Buco liegt genau zwischen Manciano und Pitigliano, ebenfalls auf einem Tuffplateau, und war eine landwirtschaftliche Ansiedlung, die zur archaischen Zeit unter dem Einfluß von Vulci stand. Die eigentliche Siedlung befindet sich in dem heutigen Areal Sparne. Ausgrabungen, die im städtischen Gebiet durchgeführt wurden, sind heute nicht mehr zu sehen: Es handelte sich um Tempelreste, ein paar Häuser und drei Brunnen. Man fand bedeutende Reliefplatten aus Terrakotta (6. Jh. v. Chr.), einige Tonplattenausschnitte zeigen Greife und Hirsche, Motive, die sonst in Etrurien nicht auftauchten. In den Nekropolen bei den Arealen Valle Verga, Selva Miccai und Podere Insuglietti und in Poggio Buco selbst fand man zahlreiche Gräber.
Aus der archaischen Phase stammen sehr einfache Fossagräber (mit 102 Gruben) und Kammergräber (mit einer oder mehreren Kammern) mit einfachen Pfeilern. Wenige Funde aus den Gräbern zeigen Eisen- und Bronzegegenstände, ein paar Vasen (Chiusi), importierte Keramik, Waffen und Schmuck.

PONTECAGNANO

erscheint nicht auf der Karte

EPT a Salerno
Via Velia 15
Tel. 089/224322
JOLLY DELLE PALME
a Salerno
Lungomare Trieste 1 EUROPA
Tel. 089/225222   a Pontecagnano
HOTEL K   Via Europa, Tel. 089/848072
a Salerno   &ampFIOR D'ARANCIO
Lungomare Colombo a Faiano, Via Pompei 36
Tel. 089/352720   Tel. 089/201176

Die südlichste etruskische Stadt in Kampanien ist erst vor nicht allzu langer Zeit von Archäologen gefunden worden (1962). Die weitläufige Nekropole besitzt mehr als 5200 Gräber, die auch reichlich etruskische Grabbeigaben enthielten.
Das Fundmaterial befindet sich im Museo Nazionale dell' Agro Picentino, Piazza del Risorgimento 14 (Öffnungszeiten: dienstags 9 – 14 Uhr, sonntags 9 – 13 Uhr) und ermöglicht die Rekonstruktion der Geschichte des Ortes von der Villanova-Kultur (9. Jh. v. Chr.) bis zur Herausbildung eines Handelsverkehrszentrums und seiner Blüte im 7. Jh. v. Chr.
Die Bedeutung der Siedlung bezeugen die gefundenen Gegenstände aus dem ganzen Mittelmeerraum: mittlere und späte geometrische Keramik aus Griechenland, Skarabäus-Amulette aus altägyptischer Zeit, Anhänger aus Glasfluß und Schmuck aus Gold und Silber aus dem Orient.

POPULONIA

3-A5

EPT in Piombino am Hafen
Tel. 0565/22994
✕ CANESSA mit Zimmer-
vermietung in Baratti Strand
Tel. 0565/29530

Populonia war eines der bedeutendsten etruskischen me-
tallurgischen Zentren. Die Ansiedlung lag auf einer Anhöhe,
die an den Golf von Baratti
grenzte. Die für den Handel
günstig am Meer gelegene
Stadt, die hohen Metallvorkommen und die Landwirt-
schaft begründeten den Reichtum der Stadt, die als erste der
etruskischen Städte — bereits
im 5. Jh. v. Chr. — eigenesGeld prägte.

Silbermünze mit Gorgonen

Die Eisenschlacke, die bei der Metallverarbeitung übrig blieb,
wurde jahrhundertelang an der Küste abgelagert und begrub
die älteren Nekropolen. Diese wurden durch archäologische
Grabungen wieder ans Tageslicht gebracht, und zeugen von
einem ununterbrochenen Gebrauch der Nekropole von der
Villanova-Zeit bis zur hellenistischen Zeit. So wird uns ermöglicht, die Veränderungen der etruskischen Bestattungsbräuche über einen langen Zeitraum hinweg zu verfolgen. Die
Siedlung selbst weist nur noch einige Stadtmauerüberreste
aus der etruskischen Epoche auf (4. – 3. Jh. v. Chr.). Am
Poggio (Anhöhe) della Porcareccia sieht man Mauerreste
etruskischer Werkstätten aus der hellenistischen Zeit.
Die Nekropolen liegen an der gesamten Länge der Golfküste

und in dem bewaldeten Gebiet hinter der Ansiedlung. Die größte Nekropole ist S. Cerbone, die mit einer Einzäunung geschützt wird (Öffnungszeiten: 9 – 12 Uhr, 15 – 19 Uhr; Besuch nur mit Führer möglich, man sucht den Kustoden bei der Kapelle von S. Cerbone, am Strand). Charakteristisch sind große Tumuli aus der orientalisierenden Phase; eine kreisförmige Außenwand gab den Gräbern ihre Trommelform. Der Tumulo war von einem Gang umgeben und hatte oben eine Traufe. Die Gräber benannte man nach ihrer bedeutendsten Grabbeigabe. Der Tumulo dei Carri (der Wagen) ist der größte (28 m Durchmesser) mit einer quadratischen Grabkammer mit vier Totenlagern und einem Kraggewölbe, das auf vier Pendentifs ruht, die den Übergang vom quadratischen Grundriß zur runden Kuppel ermöglichen.

Das zweitgrößte Grab der Nekropole ist der Tumulo dei Lette Funebri (Totenbetten), gefolgt vom Tumulo Pissi di Cilindrice (zylindrische Buchsen) mit einem Vorbau.

Ende des 6. Jh. v. Chr. tauchen die rechteckigen Gräber in Aedikula-Form auf, die ein Satteldach haben. Die Gräber Tomba delle Tazze attiche (der attischen Tassen) und Tomba del Bronzetto offerente (der leidenden Bronzestatue) aus dem 5. Jh. v. Chr. sind beide gut erhalten so wie die Kastengräber, die nur aus einfachen Steinsarkophagen bestehen, die satteldachähnlich mit zwei Platten abgedeckt waren. In Populonia fand man auch Cippen und mit Palmetten verzierte Stelen, die einfache kleine Pozzagräber kennzeichneten.

Außerhalb der Umzäunung kann man im Areal Poggio delle Granate einige kleinere Tumuli besichtigen und im Areal Le Grotte einige Hypogäum-Gräber aus dem 4. bis 2. Jh. v. Chr. In der Nekropole Porcareccia fand man zwei außerordentlich gut erhaltene Tumuli: Tumulo dei Flabelli (der Fächer) und Tumulo dell' oreficerie (des Goldschmuckes).

Alle Grabungsfunde sind heute im Archäologischen Museum in Florenz, einige zufällig gefundene Gegenstände befinden sich im kleinen Museum von Populonia, im Zentrum der heutigen Stadt.

7-B4

Praktische Hinweise s. S. Marinella

Pyrgi war der etruskische Hafen von Cerveteri, (beide verbunden durch eine Straße, von der noch Spuren vorhanden sind)und der große Fischlieferant für Rom. Außerdem verfügte die Stadt über große Kaolinsteinbrüche. Ihre Blütezeit verlief parallel zur cerveteranischen Thalassokratie zwischen dem 7. und 5. Jh. v. Chr.

Der Hafen war Verladeplatz für die Rohstoffe aus dem Tolfagebiet und war mit Seeleuten, Händlern, Handwerkern und Künstlern aus dem Orient, Griechenland, Karthago und Großgriechenland bevölkert. Das auch außerhalb Etruriens wegen seines Reichtums berühmte Heiligtum der Göttin Uni (= Juno = , gleichzusetzen mit der griechischen Muttergöttin Eileithyia und der phönizischen = Astarte) wurde um 600 v. Chr. gegründet. Es hat zwei Tempel (6. und 5. Jh. v. Chr.), beide sind dem Meer zugewandt. Zwischen ihnen lag ein kleines sakrales Gebiet. Der größere Tempel (Tempel A) lag auf einem ausgekehlten Podium und hatte eine Cella in der Mitte und zwei kleinere Seiten-Cellae (alae). Die Vorhalle hatte drei Reihen mit jeweils vier Tuffsteinsäulen. Das Terrakottarelief aus dem Giebel an der Stirnseite des Tempels A (Antepagmentum) — eine Szene aus dem Sagenkreis von Theben —, dem ernsten Stil der griechischen Plastik ähnlich, ist zu den Meisterwerken der etruskischen Skulptur zu rechnen. Es befindet sich heute in Rom (Villa Giulia). Der kleinere, einzellige Tempel B ist Ende des 6. Jh. v. Chr. erbaut; er hatte auch an den Seiten Säulen, eindeutiges Zeichen des griechischen Einflusses.

Außer vielen Bruchstücken von Terrakotta-Skulpturen und Architekturterrakotten fand man im sakralen Gebiet auch drei rechteckige Goldplatten. Zwei von ihnen tragen eine

Goldblech mit etruskischer Inschrift
(5. Jh. v. Chr.)

etruskische Inschrift; es ist eine Urkunde, die der Göttin Uni ein Heiligtum weiht. Die dritte hat eine analoge Inschrift in phönizischer Sprache. Dieses Dokument ist ein Beweis für die engen Beziehungen zwischen Etruskern und Karthagern im 5. Jh. v. Chr.

Das örtliche Antiquarium zeigt außer vielen Terrakotten auch die Kopien der drei Goldbleche. Die Originale werden in Rom aufbewahrt.

8-A4

EPT Via Parigi 11
Tel. 06/461851
⊨ EDEN
Via Ludovisi 49
Tel. 06/474351
⊨ LE GRAND HOTEL
Via V.E. Orlando 3
Tel. 06/4709
⊨ D'INGHILTERRA
Via Bocca di Leone 14
Tel. 06/672161
⊨ CARDINAL
Via Giulia 62
Tel. 06/6544289
⊨ GRAND HOTEL
PALATINO
Via Cavour 213
Tel. 06/4754711
⊨ ALPI
Via Castelfidardo 84/A
Tel. 06/464618
⊨ AUTOSTELLO ACI
Via C. Colombo, km 13
Tel. 06/6070941
⊨ SOUVENIR
Via delle Terme Deciane 3
Tel. 06/5745514

⊨ GINEVRA
Via Pinciani 17
Tel. 06/7573809
✗ LA PERGOLA
DEI CAVALIERI
Via Cadiolo 101
Tel. 06/3151
✗ AU LAPIN BLOND
Via E.Q. Visconti 39/41
Tel. 06/314014
(Sonntag geschlossen)
✗ TRATTORIA LILLI
Via Tor di Nona 26
Tel. 06/6450750
(Sonntag geschlossen)
✗ AL FOLGHER
Via Tevere 13
Tel. 06/857032
(Sonntag geschlossen)
✗ CICILARDONE
Via Merulana 77
(Sonntag abend und Montag
geschlossen)
Tel. 06/733806
▲ FLAMINIO
Via Flaminia Nuova km 8,200
Tel. 06/3279006

Rom hatte drei etruskische Könige: Tarquinius Priscus (616 – 579 v. Chr.), Servius Tullius (578 – 535) und Tarquinius il Superbus (535 – 509 v. Chr.), die an der städtischen Entwicklung Roms einen entscheidenden Anteil hatten. Sie bauten eine Stadtmauer, Straßen, Tempel — auch den Tempel des Jupiter Optimus Maximus auf dem Kapitol, der nach etruskischem Schema angelegt und mit Skulpturen von Vulca aus Veji geschmückt war. Nach der Vertreibung von Tarquiniu il Superbus besetzte der König von Chiusi, Porsennus, Rom mit dem Versuch, es wieder zu erobern, wurde aber endgültig bei Ariccia 504 v. Chr. geschlagen. In Rom befinden sich einige der wichtigsten und reichhaltigsten Sammlungen der etruskischen Antike, die sich vor allem aus Fundstücken Südetruriens zusammensetzen.

MUSEO NAZIONALE ETRUSCO DI VILLA GIULIA
Etruskisches Nationalmuseum, Villa Giulia
V. le Delle Belle Arti
(Öffnungszeiten: Wochentags 9 – 15 Uhr;
feiertags 9 – 13 Uhr; montags geschlossen.)

Das Museum wurde 1889 gegründet und in der von Vignola und Ammannati für den Papst Giulio III. zwischen 1551 und 1553 gebauten Villa und in zwei speziell errichteten Gebäuden an den Seiten des Innenhofes untergebracht.
Im Atrium auf der linken Seite enthält ein gewöhnlich geschlossener Raum — er kann nur auf Anfrage besichtigt werden — eine Auswahl der Fundstücke von Pyrgi. Links sind Funde aus dem Tempel B, dem ältesten Monument dieser Stadt (Ende 6. Jh. v. Chr.), von dem nur die Fragmente von Tontafeln, die zur Dekoration dienten, übrig blie-

Apollo-Statue von Veji

ben. Interessant sind kleine handgeformte Rundplastiken, die vermutlich vom Giebel stammen und noch Spuren einer mehrfarbigen Bemalung aufweisen. Bemerkenswert sind vor allem eine weibliche Büste und das Fragment einer Reitergruppe. Rechts sind viele Bruchstücke aus dem Tempel A, wobei die Architekturterrakotten sehr interessant sind, besonders das Hochrelief mit einer Szene aus dem Sagenkreis der Sieben gegen Theben.

An einer Wand sind die drei galvanoplastischen Kopien der Goldblech-Platten mit punischem und etruskischem Text ausgestellt, die 1964 in Pyrgi gefunden wurden, und große historische und linguistische Bedeutung haben.

Wenn man links weitergeht, zum Ende des halbkreisförmigen Raums, sind die ersten vier Räume für die Grabungsfunde aus Vulci reserviert. Im Eingangsraum zwei Großskulpturen aus Stein: Ein Kentaur (Anfang 6. Jh. v. Chr.) zeigt griechisch-archaischen Einfluß auf mit einem massig geformten Körper und ein Jüngling auf einem Meerestier (560 v. Chr.) mit ionischen Stilelementen.

Raum I-II-III: Hier findet man chronologisch geordnete Grabbeigaben von der Villanova-Periode bis zur orientalisierenden Epoche.

Im Raum I fällt eine Aschenurne aus Bronze aus dem 9. Jh. v. Chr. auf, die originalgetreu die Wandverzierungen und die kühnen Holzstrukturen der einfachen Hausdächer wiedergibt, und ein Bronzeschwert mit plastischen Verzierungen aus der zweiten Hälfte des 8. Jh. v. Chr.

In Raum II befinden sich Grabbeigaben aus dem 7. – 6. Jh. v. Chr., der Periode, in der sich die Bucchero-Keramik durchsetzte.

Raum III: 6. – 1. Jh. v. Chr., bemerkenswert ist die vollständige Bronze-Ausrüstung eines Kriegers.

Raum IV: Funde aus Vulci, Bolsena, Bomarzo und Celleno, besonders hübsch sind die Tonmodelle von Gebäuden aus Vulci.

Von der Mitte des Raumes führt eine Treppe ins Untergeschoß, hier kann man die Rekonstruktion eines Tumulus-Grabes — Tumulo Maroi — aus der Banditaccia-Nekropole von Cerveteri (6. Jh. v. Chr.) bewundern.

Raum V enthält die außerordentlichen Funde, die die Ausgrabungen der Olmo-Bella-Nekropole (8.–6. Jh. v. Chr.) von Bisenzino, Bolsena-See, erbrachten. Bemerkenswert sind das Räucherwägelchen und die große Amphore aus Bronzeblech, die die Begabung der Etrusker für Ästhetik und großer Ausdrucksfähigkeit bezeugt.

Raum VI zeigt Funde aus dem Heiligtum von Portonaccio in Veji: Die berühmte Apollo-Statue, deren eleganter und distanzierter Ausdruck, verbunden mit einer sorgfältigen Beobachtung des einzelnen, einen klaren ionischen Geschmack enthüllt, sowie die Herakles-Statue und den Kopf von Hermes. Die drei Statuen standen hoch oben auf dem Dachfirst des Tempels und stellten den mythischen Disput um die kerynitische Hirschkuh dar, mit Apollo und Herakles im Kampf, die von Hermes bzw. Archimedes unterstützt wurden.

Beachtenswert die Gruppe der Göttin mit Kind — Letho mit ihrem Sohn Apollo — und ein Antefix mit ausdrucksvollem Gorgonenhaupt.

In den Räumen VII-VIII-IX sind Funde aus Caere ausgestellt.

Im Raum VII ist der mit Terrakotta-Platten, die Löwenfiguren tragen, äußerst geschmackvoll im orientalisierenden Stil verzierte Sarkophag zu sehen.

In Raum VIII finden wir den berühmten "Ehepaar"-Sarkophag ("degli sposi", ca. 520 v. Chr.), der eindeutig ionische Einflüsse aufweist.

Raum IX: reichhaltig die Sammlung von griechischer, etruskischer, faliskischer und italischer Keramik, die aus dem 7.-2. Jh. v. Chr. stammen. Von hier führt eine Treppe zum Antiquarium.

Die Räume X-XIII sind den Bronzegegenständen gewidmet: Kandelaber, Spiegel, Statuen, Waffen und andere Gegenstände. In den etruskischen Werkstätten fand die Herstellung von Bronze eine einzigartige Entwicklung, sie nahmen die orientalischen Vorbilder auf und bearbeiteten sie mit besonderer kreativer Frische.

Im Raum XIV in der Vitrine 4 steht ein ausgezeichnetes Exemplar einer protokorinthischen Vase aus Veji (2. Hälfte 7. Jh.) aus der Chigi-Sammlung mit Miniatur-Malerei.

Räume XV und XVI enthalten attische, etruskische und italische Keramiken, Votiv-Terrakotten, Öllampen, Fragmente von Architektur-Terrakotten.

Im Raum XVII befinden sich Aschenurnen aus Chiusi und Sarkophage aus hellenistischer Zeit.

Im Raum XVIII eine weitere große Anzahl von Keramiken, die größtenteils aus Caere kommen, von der orientalisierenden etruskisch-latialen Phase bis zur spätrömischen.

In den Räumen XIX-XXII befinden sich Stücke aus der Sammlung Castellani: Bronzen, Öllampen, und im Raum XIX — der normalerweise geschlossen ist und nur auf Anfrage besichtigt werden kann — Gegenstände antiker Goldschmiedekunst und moderne Imitationen. Im Raum XXIV sind Aschenurnen, Sarkophage und Grabverschlußplatten.

Die Räume XXV-XXVIII versammeln Fundstücke aus dem Gebiet von Capena und Agro Falisko. Im Raum XXV in der Vitrine 1 sticht ein Teller aus Capua (3. Jh. v. Chr.) ins Auge, auf den ein mehrfarbiger Elefant auf schwarzen Grund gemalt ist. Er ist einzigartig in seiner Art und vielleicht ein Zeugnis des Krieges zwischen Rom und Pyrrhus. Im Raum XXVI in der Vitrine 3 befindet sich eine bronzene Aschenurne in Form eines Hauses, mit einem gekreuzten Lamellenmuster auf dem Dach, das an ein Holzgebälk erinnert (Mitte 7. Jh. v. Chr.).

Die bemerkenswerte Keramik-Herstellung von Falerii, die besser als jede andere Stadt einige Elemente der griechischen Kunst in selbständiger Form herausarbeitete, wird durch den großen Kratèr mit roten Figuren auf schwarzem Grund bezeugt (erste Hälfte des 6. Jh. v. Chr.), der dem Maler der Aurora zugesprochen wird.

Im Raum XXIX sind dekorative Elemente aus den Tempeln von Falerii ausgestellt. Links sieht man Funde aus dem Scasato-Tempel — unter anderem eine eindrucksvolle Apollo-Statue (4. – 3. Jh. v. Chr.) — und aus dem Tempel Sassi caduti''. In der Vitrine 5, die Material aus den Tempeln ''Colle Vignale'' und ''Celle'' birgt, befindet sich eine weibliche Tuffsteinfigur, die vielleicht Juno Curite (6. Jh. v. Chr.) darstellt.

Im Raum XXX (wieder im Erdgeschoß) gibt es Funde aus dem Latium-Heiligtum der Diana in Nemi. Wichtig sind die Bruchstücke eines kleinen Tonmodells vom Giebel eines Tempels mit figürlichem Schmuck. In der Mitte des Giebels eine größere Platte mit drei Figuren.

Im Raum XXXI sind Funde aus Lanuvio, Velletri und Gabi ausgestellt.

Raum XXXII birgt die Gegenstände aus dem ''Mater-Matuta-Heiligtum'' von Satricum.

Raum XXXIII versammelt Grabbeigaben aus zwei Gräbern der orientalisierenden Phase (7. Jh. v. Chr.) mit eingeführten und etruskischen Gegenständen. Im hinteren Teil des Raums sind ebenfalls Fundstücke aus pränestinischem Gebiet, jedoch aus der späteren klassisch-hellenistischen Zeit.

Eindrucksvoll die zylindrische Ziste aus Bronzeblech, Ficoroni genannt. Der Henkel besteht aus einer Gruppe von drei Figuren: Dionysos in der Mitte mit zwei jungen Satyren an seinen Seiten. Die Oberfläche der Ziste ist mit einer Szene aus dem Sagenkreis der Argonauten geschmückt.

Im Raum XXXIV liegen Fundstücke aus Umbrien, besonders sehenswert ist der Bronzehelm mit einem Relief, auf dem Kriegsszenen dargestellt sind (5. Jh. v. Chr.).

MUSEO PREISTORICO ED ETNOGRAFICO DEL LAZIO

Prähistorisches und Ethnographisches Museum von Latium

Piazza Marconi 1
Öffnungszeiten: werktags 9 – 14 Uhr, feiertags 9 – 13 Uhr, montags geschlossen

Das Museum wurde von L. Pigorini 1875 gegründet und sammelt in seinen beiden Abteilungen — der ethnographischen und der prähistorischen — Zeugnisse der ersten Lebensformen der italienischen Halbinsel und der Welt.
Für etruskische Kunst und Kultur sind die Räume XIV-XVIII im zweiten Stock reserviert.
Im Raum XIV ist die Vitrine 38 hervorzuheben, die den Bronzeschatz aus Coste del Marano (Tolfa) enthält. Wahre Meisterwerke sind die Bronzegefäße mit Stierkopf. In den Vitrinen 39-43 befinden sich die Grabausstattungen der Brandbestattungsgräber aus der älteren Eisenzeit. Sie kommen aus den verschiedenen Gegenden Latiums (Sasso di Furbara, Tolfa, Allumiere).
Im Raum XV befindet sich der Schatz von Ardea: dekorative

Urne in Hüttenform
(8. Jh. v. Chr.)

Bronzegegenstände, die nicht für den alltäglichen Gebrauch bestimmt waren. Außerdem zahlreiche Grabausstattungen und Urnen aus verschiedenen Gräbern in Hüttenform.

Raum XVI zeigt verschiedene Fundstücke aus der Eisenzeit, Grabbeigaben und andere Einzelstücke.

Raum XVII: Hier sehen wir verschiedene Funde aus Grabstätten der Villanova-Zeit. Zu erwähnen sind die typischen bikonischen Aschenurnen aus Bronze mit vielen geometrischen Ornamenten.

Raum XVIII beherbergt ausschließlich Fundmaterial aus der erst vor kurzem entdeckten Nekropole des Gebietes von Osa, in Pränestina bei Rom gelegen. Bemerkenswert ist die vollständige Rekonstruktion eines Grabes.

MUSEIO GREGORIANO ETRUSCO

Vatikanische Sammlungen — Zugang vom "Sala della Biga" über "Scala Simonetti"
Nur werktags von 9 – 14 Uhr geöffnet

Das Museum wurde 1837 von Papst Gregor XIV. eingerichtet, um die Funde aus den sporadischen Ausgrabungen zu sammeln und wurde später durch zahlreiche bedeutende Privatsammlungen ergänzt. Die Fundstücke stammen alle aus Südetrurien. Im Raum I befinden sich Skulpturen, Sarkophage, Cippen und Architekturelemente aus Stein. Zu erwähnen ist vor allem ein Löwenpaar, das den Eingang eines Grabs in Vulci bewachte (6. Jh. v. Chr.), außerdem ein Kalksteinsarkophag aus dem Grab der Sarkophage in Cerveteri (1. Hälfte 7. Jh. v. Chr.), der auf seinem Kasten ein Relief mit einem Leichenzug trägt, der Sarkophag "Peperino" aus Tuscania (mit nicht dazugehörendem Deckel), der ebenfalls eine Leichenzugdarstellung zeigt (2. Jh. v. Chr.), und eine kleine, sitzende Mädchenstatuette (5. Jh. v. Chr.).

Raum II zeigt die Grabausstattung aus dem Grab "Regolini-

Galassi" von Cerveteri (7. Jh. v. Chr.), die aus der orientalisierenden Phase stammt und einer Fürstenfamilie gehörte. Das Grab enthielt zahlreiche Gegenstände in Gold und Silber. Zu erwähnen sind vor allem die aus Bronzeblechen mit getriebenen Verzierungen, z. B. ein Zweispänner, Wagen, Thron, Bett, Schilde, Kessel, etc. — und die aus Gold, getriebenen mit Granulationsverzierungen. Man findet ferner Gegenstände, die aus dem Orient eingeführt sind und einmal mehr den intensiven Handelsaustausch zwischen den Etruskern und anderen Mittelmeervölkern dokumentieren.

In Raum III finden wir eine große Sammlung von Bronzen — Aschenurnen, Spangen, Spiegel etc. —, darunter die berühmte Statue "Mars von Todi", die ein Meisterwerk der italischen Bronzekunst aus dem 4. Jh. v. Chr. ist.

Im Raum IV sind kleine Aschenurnen aus Kalkstein und Alabaster aus hellenistischem Zeitalter.

Raum V enthält die Sammlung Guglielmi mit Funden, die überwiegend aus Vulci kommen.

Im Raum VI finden wir Gegenstände der Goldschmiedekunst sowie andere wertvolle Gegenstände aus dem 7. – 5. Jh. v. Chr.

In Raum VII werden Terrakotten gesammelt, die überwiegend aus Cerveteri kommen. Zu erwähnen sind ein Antefix mit einem weiblichen Kopf (6. Jh. v. Chr.) und ein eckiger Akrotèr in Form eines geflügelten Pferdes (5. Jh. v. Chr.).

In Raum VIII ist das römische Antiquarium untergebracht; es ist in drei Sparten unterteilt, in denen Gegenstände verschiedener Arten gesammelt werden: Öllampen, Glas, Gefäße, Tonplatten etc.

In Raum IX ist die Sammlung Falcieni aus Viterbo ausgestellt, mit Gegenständen unterschiedlichster Herkunft.

In den übrigen Räumen und im Eingangssaal werden bemalte Gefäße griechischer, neugriechischer und etruskischer Herkunft gesammelt.

Zu erwähnen sind der lakonische Pokal mit Atlas, der das Himmelszelt stützt, und dem gefesselten Prometheus (560 v.

Chr.), die Hydra aus Cerveteri mit Herakles, der, beschützt von Hermes, den Riesen Alkinoon angreift (530 v. Chr.), und drei große, apulische Volutenkratèr (Mitte 4. Jh. v. Chr.).

MUSEO CAPITOLINO-PALAZZO DEI CONSERVATORI
Öffnungszeiten: 9 – 14 Uhr, dienstags und donnerstags auch 17 – 20 Uhr; samstags auch 20.30 – 23 Uhr, feiertags 9 – 13 Uhr, montags geschlossen

Das Museum zeigt die wesentliche Sammlung der römischen Kunst. Die Räume Castellani I und II im zweiten Stockwerk zeigen einige griechische und etruskische Gefäße. Im Museum befinden sich auch eine Ton-Statuette (7. Jh. v. Chr.) aus Cerveteri, die einen sitzenden Mann zeigt, und die berühmte "Lupa Capitolina" (kapitolinische Wölfin), die vermutlich in Veji im 5. Jh. v. Chr. geschaffen wurde.

ROSELLE

3-C5

✕ TORDAIO
Via Batignanese
Tel. 0564/28348

Praktische Hinweise s. Grosseto

Roselle liegt auf zwei niedrigen Hügeln, zu deren Füßen im Altertum ein sumpfiger See, Lacus Prile, lag, der sich bis zur tyrrhenischen Küste hinstreckte und die heutige Ebene von Grosseto bedeckte. Die Ansiedlung war bereits zur Villanova-Epoche besiedelt und wurde in der Spätantike verlassen. Aus diesem Grund haben die Archäologen bei ihren 1957 begonnenen Ausgrabungen gut die verschiedenen Phasen der Besiedlung herausfinden können.

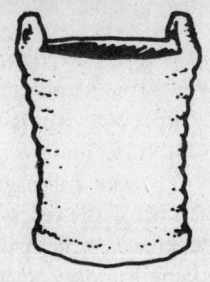

Keramik-Situla (7. Jh. v. Chr.7

In der Villanova-Phase begann zur Zeit der orientalisierenden Epoche eine Urbanisierung, die durch ihre mit ungebrannten Ziegeln erbaute Stadtmauer, ihre Häuser aus ungebrannten Ziegeln und Kammergräber außerhalb der Stadt gekennzeichnet ist. Im 6. Jh. v. Chr. wurde eine neue Stadtmauer aus großen Steinblöcken erbaut. Die Architekturterrakotta-Fragmente bezeugen die Existenz von Gebäuden mit Relieffriesen.

In hellenistischer Zeit wurden die Stadtmauern mit gleichförmigen Steinen restauriert. Und als die Stadt römische Kolonie wurde, erhielt sie ein Amphitheater und ein Forum.

Man betritt Roselle im Südosten, geht durch die Stadtmauer hindurch und erreicht das Forum, das aus archäologischer Sicht sehr komplex und interessant ist. Das Forum liegt im Talkessel zwischen den beiden Anhöhen, auf denen die Stadt liegt. Hier ist es möglich, anhand der verschiedenen Schichten eine quadratische Struktur mit rundem Innenraum, untergebracht in einem Hof (7. Jh. v. Chr.), zwei fast quadratische Räume eines Hauses aus dem 6. Jh. v. Chr., Arbeiten zur Wasserkanalisation aus dem 2. Jh. v. Chr. und sogar den Fußboden des Forum Romanum mit Resten einer Basilika zu unterscheiden.

Das südliche Gebiet brachte Zisternen aus hellenistischer Zeit und Lehmhäuser mit Steinfundamenten ans Tageslicht.

Die Stadtmauer aus dem 6. Jh. v. Chr. ist die am besten erhaltene Etruriens und kann in ganzer Länge — fast 3 Kilome-

ter — verfolgt werden. Sie ist aus großen Kalksteinquader-
blöcken gebaut und etwa 7 m hoch.

Die Nekropolen von Roselle sind nicht besonders interessant.
Die Grabungsfunde zeigen das Fehlen eigener künstlerischer
Aktivität. Alle Luxusgegenstände sind importiert (Keramik
und Bronze), nur verzierte Architekturterrakotta wurde in archaischer und hellenistischer Zeit hergestellt.

Sämtliche Funde sind in Grosseto im Museo Archeologico e
d'Arte della Maremma aufbewahrt.

SAN GIOVENALE

7-C3

San Giovenale liegt nicht weit
von Blera entfernt. Auf einer
Tuffsteinanhöhe und von einem Wehrgraben umgeben
war die Siedlung bis zum Mittelalter bewohnt. Die Ausgrabungen zeigen die verschiedenen Phasen der antiken Besiedlung: eine in der späten
Bronzezeit (11. – 10. Jh. v.
Chr.), eine in früher Eisenzeit
(9. – 8. Jh. v. Chr.) und eine in
etruskisch-archaischer Zeit
(7. – 6. Jh. v. Chr.). Im westlichen Gebiet des Plateaus gab
es in der Eisenzeit eine Ansiedlung mit ovalen Hütten aus
Holz und Stroh, die bis 10 m
hoch waren.

Ovale Hüttenform (Grundriß)

In etruskischer Zeit baute man dann rechteckige Häuser, mit Tuffsteinfundamenten, und einige Häuser mit Fußböden, die aus dem Tuffstein herausgeschlagen waren.

Im östlichen Teil — "borgo" genannt — findet man die Überreste einiger Häuser aus dem 7. – 6. Jh. v. Chr., ihre Mauern bestanden aus quadratischen Tuffsteinblöcken.

Bei den Ausgrabungen fand man auch Reste von Brunnen, Zisternen und Magazinen mit großen Gefäßen, in denen Nahrungsmittel aufbewahrt wurden. Dieses westliche "Quartier" ist nach einem Plan angelegt, der praktisch die regelmäßige Anlage der Stadt Marzabotto vorwegnimmt. Zahlreich sind auch die Gräber (Kammergräber mit und ohne Tumulus oder Felsengräber) rund um die Ansiedlung auf den umliegenden Hügeln verteilt, vor allem im Areal Pozarago, im Norden der antiken Siedlung.

SAN GIULIANO

7-C3

Zwei Kilometer von Barbarano Romano entfernt, befindet sich San Giuliano, wo eine etruskische Siedlung liegt, die von einer imposanten Felsennekropole umgeben war.

Für die etruskische Grabarchitektur ist dieses Gebiet von besonderer Bedeutung, dank der vielen verschiedenen Grabarten, die hier zu finden sind: Tumuli aus dem 7. Jh., archaische Gräber aus dem 6. – 5. Jh. v. Chr. und hellenistische aus dem 4. – 3. Jh. v. Chr.

Die Nekropolen liegen an den Abhängen der Hügel rund um das felsige Tuffsteinplateau, auf dem sich die antike Siedlung befand. Im Süden, auf einem Hügel mit Blick auf die Akropolis, liegt die interessanteste Begräbnisstätte von S. Giuliano, das Grab "Cima". Der in den Tuff gegrabene monumentale Tumulus kennzeichnet den Durchgang zu den Gräbern. Im Innern zeigen die linke Seitenkammer und das Vestibül interessante Ausschmückungen. Im Vestibül fand man auch Spuren von Malerei. Die niedrigen Pfeiler, die vor dem Tumulus stehen, werden als Cippen angesehen und lassen an ein heiliges Gebiet vor den Gräbern denken.

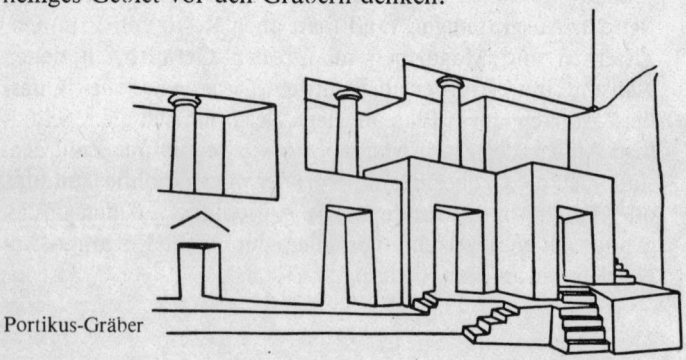

Portikus-Gräber

Unterhalb des Tomba Cima, am terrassenförmigen Abhang durch Treppen verbunden, liegen viele verschiedenartige Gräber, von der feierlichen dorischen Bauweise bis hin zur einfachen Nischenbauweise. Ein weiteres wichtiges Nekropolengebiet liegt im Norden der bewohnten Siedlung, entlang des Tals Fosso S. Giuliano. Besonders interessant die Bauweise des ,,Tombo del Cervo" wegen seines eingemeißelten Hirsches (= cervo) an der Seitenwand der Treppe, die zur Plattform hinaufführt und des Tomba della Regina mit seiner imposanten Fassade. Wenn man weiter nach Norden geht, am Rande des Hügels Caido, trifft man auf Gräbergruppen, die in den Fels gehauen sind: Portikus-Gräber; über ihrer gerahmten Eingangstür gab es einen kleinen Raum, in dessen Mitte ein Pfeiler stand, sie stammen aus der Spätzeit. In einem Seitental liegen nebeneinander in der Felsenwand drei Gräber, " Tombe Thansianas", die ihren Namen der Inschrift mit dem Namen des Erbauers auf einer ihrer Fassade verdanken.

SATURNIA

7-A1

🛏 TERME DI SATURNIA
Tel. 0564/601061
✕ I DUE CIPPI DA MICHELE
Piazza Vitt. Veneto 26
Tel. 0564/601074

Saturnia nannte sich, soweit wir von antiken Schriftstellern wissen, in vorrömischer Zeit Aurinia, sie ist eine der ältesten Städte Italiens und wurde von den Pelasgern gegründet. Ausgrabungen ergaben, daß dieses Gebiet bereits im Neolithikum bewohnt war. Die kleine Stadt liegt auf einer steilen Tuffstein-Hochebene. Der größte Teil der Funde ist auf das 8. – 5. Jh. v. Chr. datierbar. Von der etruskischen Stadt fand man praktisch nichts außer einigen Überresten einer Stadtmauer (die jedoch in römischer Zeit und im Mittelalter ausgebessert wurde). Im bewohnten Areal fand man einen Pfeiler aus etruskischer Werkstatt, Brunnen und Gegenstände aus römischer Zeit. Die meisten Fundgegenstände stammen aus den Nekropolen im Norden und Nordosten der Stadt im Areal Campo delle Caldane, Puntono und Pratogrande. Meistens sind die Gräber Pozzo-Gräber oder auch Fossa-Gräber (Villanova-Zeit), jedoch gibt es auch Kammergräber mit nur wenigen Kammern. Die Tumuli der Nekropole Pratogrande und Poggio di Pancetta haben Kammergräber, die halb in den Boden eingelassen sind.
Im Vergleich zu Tarquinia, Vulci und Vetulonia waren die Grabausstattungen spärlich: Lokale Impasto-Vasen, bikonische Urnen, Bucchero-Keramik (zum Teil eingeführt) und typisch etruskische schwarzfigurige Gefäße. Die Fundgegenstände kann man im kleinen Antiquarium im Castello di Saturnia betrachten.

SORANO UND SOVANA

7-B1

⇔ VALLE ORIENTINA (Sorano)
Località Valle Orientina
Tel. 0564/616611
⇔ TAVERNA ETRUSCA (Sovana)
di fronte a S. Maria
Tel. 0564/616183
⇔ SCILLA (Sovana)
presso S. Maria
Tel. 0564/616531

SORANO

Sorano liegt auf einem Tuffelsen und ist ohne Frage eines der malerischsten Plätze Etruriens gewesen.
Etruskische Gräber liegen im Ortsteil Montepalaro, Case Rocchi und im Tal von Calesina (vermutlich aus dem 6. Jh. v. Chr.). Es handelt sich hier um einfache Kammergräber mit geringer Grabausstattung.

SOVANA

Sovana liegt ebenfalls auf einem Tuffelsen und hatte eine erste Blütezeit in der Mitte des 6. Jh. v. Chr. Es lag auf dem Weg zwischen dem Bergbaugebiet von Amiata und der Tyrrhenischen Küste.
Reste der etruskischen Tuffsteinmauer kann man zwischen der mittelalterlichen Stadtmauer erkennen. Sehr eindrucksvolle etruskische Straßen kann man im Gebiet zwischen Poggio Felceto und Poggio Stanziale bewundern. Sovano ist vor allem wegen seiner Nekropolen sehenswert, die an den Ab-

hängen der Täler von Calesina, Picciolana und Fologna liegen.

In den Gebieten Poggio Felceto, Poggio Prisca, Poggio Stanziale, Poggio Grezzano, Sopraripa, Vellebuona, Campo Sediaio, Costone della Fologna, Vallette, Melaiolo und Monte Rossello fand man Hunderte von monumentalen Felsengräbern und darüber hinaus fast 200 einfache Gräber, hauptsächlich Aedikula- und Würfelgräber, außerdem Portikus- und Tempelgräber. Unter den Tempelgräbern befindet sich Tomba Pola (3. Jh. v. Chr.) mit einer Reihe von acht Säulen an der Fassade, mit Blattkapitellen und Menschenköpfen, die eine überhängende Kassettendecke abstützen.

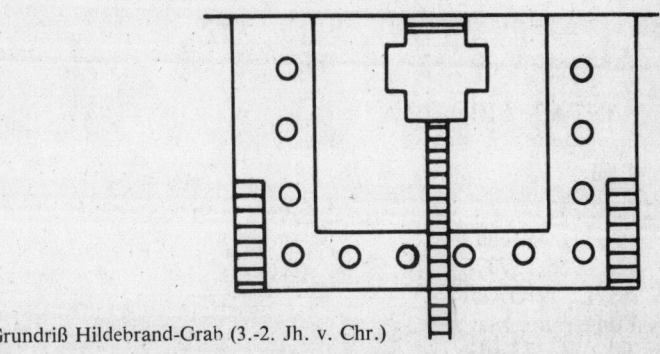

Grundriß Hildebrand-Grab (3.-2. Jh. v. Chr.)

Leider kann man nur noch eine Säule mit einem Teil der Decke sehen. Bemerkenswert ist auch das Hildebrand-Grab, ebenfalls ein Tempelgrab, das vermutlich aus dem 3. Jh. v. Chr. stammt. Es liegt auf einer Plattform und ist über zwei seitliche Treppen zu erreichen. Es ist wie ein Würfelgrab gearbeitet und aus dem Tuff gehauen. Der Tempel war an drei Seiten mit insgesamt 12 Säulen umgeben, die mit Stuck verziert und bemalt waren. Auf der Vorderseite des Würfels war eine Scheintür mit Portikus eingemeißelt, die Decken hatten mit Pflanzen, Greifvögeln u. ä. verzierte Kassetten (z. T. noch in Florenz und Grossetto zu sehen). Man konnte auch

von oben über das Dach, das mit einem Cippus gekrönt und
von Antefixen umrahmt war, zum Grab gelangen.

Auch Tomba del Tifone auf dem Poggio Stanziale ist recht
interessant: ein Aedikula-Grab, leider sehr beschädigt, mit
bemaltem Stuck verziert, vermutlich 2. Jh. v. Chr.

Aus der archaischen und hellenistischen Zeit stammen in erster Linie die vielen Funde — Impasto- und Bucchero-Vasen,
italo-geometrische Keramiken und etruskisch-korinthische
und attische Bronzen, Relief-Gefäße, Schmuckgegenstände,
Münzen, Spiegel und Gebrauchsgegenstände aus Eisen und
Bronze, zu sehen in den Museen von Florenz, Grosseto und
den Antiquarien von Pitigliano und Saturnia.

SANTA MARINELLA

7-B4

AA Via Aurelia
Tel. 0766/737376
LE NAJADI
Lungomare Marconi 23
Tel. 0766/737019
CAVALLUCCIO MARINO
Lungomare Marconi
Tel. 0766/737321
INTERNAZIONALE MARINELLA
Località Chiaruccia,
Via Aurelia km. 66.400, Tel. 0766/736147

2 Kilometer von Santa Marinella entfernt lag das etruskische
Heiligtum Punta della Vipera, das der Minerva geweiht war,
etwa um 450 v. Chr. erbaut wurde und bis Ende 1. Jh. bestand. In einem Opferbrunnen fand man eine Bleiplatte mit
etwa 60 Wörtern (Opferformeln), eines der längsten etruski-

schen Schriftdenkmäler. Nicht weit entfernt liegt Castrum Novum, das auf einer etruskischen Ansiedlung gebaut ist. Dort kann man einige Mauerreste aus dem 5. Jh. v. Chr. — aus Kalksandsteinblöcken und etwa 70 m lang —, ein Tor und Reste von Häusern sehen. Das Küstengebiet gehörte zu Caere: Hier lag der dritte Hafen, vermutlich der Stützpunkt der Karthager. Das Fundmaterial ist im Museo di Civitavecchia (Largo Cavour, Öffnungszeiten: 8 – 14 Uhr, dienstags geschlossen) aufbewahrt.

SIENA

4-A3

EPT Via di Città 5
Tel. 0577/47051-2
🛏 PARK HOTEL
Via di Marciano 16
Tel. 0577/44803
🛏 CHIUSARELLI
Viale Curtatone 9
Tel. 0577/280562
🛏 PALAZZO RAVIZZA
Pian dei Mantellini 34
Tel. 0577/280462
🛦 COLLEVERDE
Loc. Colleverde
Str. Scacciapensieri 37
Tel. 0577/280044
🛏 CANNON D'ORO
Via Montanini 28
Tel. 0577/44321

✗ OSTERIA LE LOGGE
Via del Porrione 33
Tel. 0577/48013
✗ AL MANGIA
Piazza del Campo 43
Tel. 0577/281121
✗ RENZO
Via delle Terme 14
Tel. 0577/28929
✗ ALTRI TEMPI
presso HOTEL VILLA
SCACCIAPENSIERI
Strada di Scacciapensieri 24
Tel. 0577/41441

Siena (Saina) befand sich zwischen den Einflußsphären Chiusi und Volterra und war eine unbedeutende landwirtschaftliche Ansiedlung.

Die Archäologen haben hier wenig gefunden. In der alten Stadt fand man spätetruskische Gräber und Keramik. Einige hellenistische Gräber fand man in der Nähe der Stadt. Nahe dem Areal Campansi, Giuggiolo und Magliano liegen Nekropolen, die bis Ende des 2. Jh. v. Chr. benutzt wurden.

Das Archäologische Museum (Via della Sapienza 3, Öffnungszeiten: 10.30 – 16 Uhr, feiertags 9 – 13 Uhr) zeigt Fundmaterial aus der Umgebung von Chiusi, vor allem schwarz- und rotfigurige Vasen, lukanische und campanische Keramik, Schmuck, Kanopen, Impasto-Gefäße und Bucchero-Keramik. Auch im letzten Stockwerk des Palazzo Comunale (Piazza del Campo) befinden sich einige Funde, vor allem Architekturterrakotten aus Murlo, darunter der "Mann mit dem Cowboyhut".

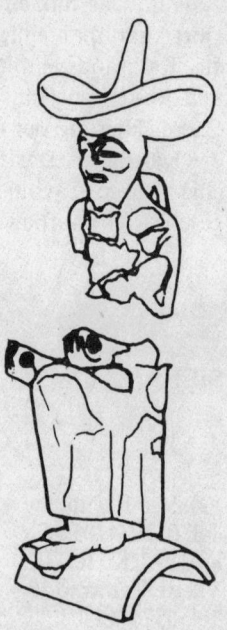

Akrotèr-Statue, Murlo
(6. Jh. v. Chr.)

SPINA

2-C3

🛏 GALLIA
a Comacchio, v. le Leonardo
Tel. 0533/80318
🛏 CARAVEL
a Comacchio
Viale Leonardo 56
Tel. 0533/80106

Spina war zwischen dem 6.
und 3. Jh. v. Chr. ein lebhaftes
Handelszentrum, importierte
aus Griechenland Keramik
und andere Gegenstände und
lieferte (vermutlich) im Tausch
Salz und andere Waren aus
den Alpen und der padani-
schen Region. Der Reichtum

Teller mit attischen Fischmotiven
(5. Jh. v. Chr.)

der Stadt und seine Beziehungen zu Griechenland sind durch
die Tatsache, daß Spina einen eigenen "Schatz" im Heiligtum von Delphi hatte, dokumentiert.
Die Stadt war eine wichtige Hafenstadt, und im Gegensatz zu
heute lag damals die Küstenlinie weiter im Land. Das ständi-
ge Anschwemmen von Sand war auch der Grund, daß die
Stadt und ihr Hafen immer mehr an Bedeutung verloren.
Durch Luftaufnahmen konnte die antike Stadt gefunden
werden, die ein schachbrettartiges Straßen- und Kanalnetz
besaß, mit Häusern, die auf Holzpfählen standen.
Die größten Funde machte man in den Nekropolen von Valle
Trebba und Valle Pega, die bei der Trockenlegung des Gebietes (ab 1922) auftauchten: Über 4000 Gräber sind gefunden
worden, Fossagräber, einige Gräber mit Holzkästen, die in
einigen Fällen mit Cippen oder großen Flußsteinen gekennzeichnet waren.

Die Grabausstattungen setzten sich neben etruskischen Gegenständen vor allem aus bemalter griechischer (hier besonders attischer) Keramik von z. T. hoher Qualität zusammen. Es ist der absolut größte Fund griechischer Keramik der klassischen Zeit, der je gemacht wurde. Alle Funde liegen in Ferrara im Museo Archeologico Nazionale.

TALAMONE

6-C1

AA vedi Orbetello
CAPO D'UOMO, Pension
sul promontorio, Tel. 0564/887077

TELAMONIO   IL GABBIANO
Tel. 0564/887008   a Fonteblanda
DA FLAVIA   S.S. Aurelia, km. 154
Tel. 0564/887091   Tel. 0564/870202

Die antike Stadt (Tlamu) befindet sich auf dem Hügel von Talmonaccio. Der Name der Stadt ist in erster Linie mit der Schlacht der Römer und der Gallier 225 v. Chr. verbunden, in der die Kelten herausgefordert wurden.

Das einzige etruskische Monument ist ein Tempel auf dem Gipfel des Berges, von dem noch Fundamentreste zu sehen sind. Er hatte eine Cella und eine sehr große Vorhalle. Der Giebel des Tempels trug eine Hochreliefplatte aus Ton, die Szenen aus dem Sagenkreis um Theben darstellte (Mitte 2. Jh. v. Chr.) — ein interessantes Beispiel der hellenistischen Stilvorschriften. Die aufgrund der vielen verschiedenen Gruppen von Figuren schwierige Darstellung läßt eine klare Linie in ihrer Zusammensetzung vermissen. Die Bruchstücke sind im Museo Archeologico in Florenz zusammen mit den anderen Funden aufbewahrt.

TARQUINIA

7-B3

AA BARRIERA S. GIUSTO
Tel. 0766/863484
GRAND HOTEL HELIOS
a marina di Tarquinia
Viale Porto Clementino
Tel. 0766/88295
TARCONTE
Via Tuscia, Tel. 0766/856585
VELCA MARE
a marina di Tarquinia
Via degli Argonauti
Tel. 0766/88024
IL BERSAGLIERE
Viale della Stazione
Tel. 0766/856047
(Mittwoch geschlossen)
CASARECCIA PIRAS
Via Martini 5
Tel. 0766/855912
(Freitag geschlossen)
TUSCIA TIRRENICA
a Tarquinia Lido
SS. 1, km. 91, Viale Nereidi
Tel. 0766/88294

Bikonische Urne mit Bronzehelm
(8. Jh. v. Chr.)

Einer Sage nach wurde die Stadt von Tarchon (Tarconte),
dem Bruder des Tyrrhenus, dem Prinzen von Lidia, der sein
verbanntes Volk nach Italien führte, gegründet. Die Stadt
war bereits ein Zentrum in der Villanova-Zeit und wurde in
der orientalisierenden und archaischen Zeit eines der etruskischen Hauptzentren als Handelsmarkt und als metallurgi-
sches Zentrum, Anziehungspunkt für Händler und griechische Künstler. Aus Tarquinia kam die Dynastie, die im 6. Jh.
v. Chr. Rom regierte.

Im 4. Jh. v. Chr. signalisiert die wachsende Macht Roms den Beginn des Untergangs von Tarquinia, das nach und nach die Kontrolle über den Hafen von Gravisca und über sein Territorium verlor. Damit schwand auch die ökonomische Macht, und Tarquinia wurde ein kleines römisches Municipium (1. Jh. v. Chr.).

Die etruskische Stadt lag auf einer Anhöhe (Piano delle Civita). Untersuchungen zeigten an einigen Stellen eine planmäßige Anlage auf, die zusammen mit dem größten Tempel ''Ara della Regina'' nach einer bestimmten Himmelsrichtung ausgerichtet war. Die Überreste des Tempels liegen auf einem großen Erdwall und sind noch gut zu erkennen.

Er besteht aus einer Cella, die in verschiedene Zonen aufgeteilt ist, mit seitlichen Gängen und einer Vorhalle mit zwei Reihen zweifacher Säulen.

Ein rituelles rechteckiges Gebäude ist angefügt: Das Bauwerk stammt aus der 1. Hälfte des 4. Jh. v. Chr. Die Terrakottafriese waren vermutlich ausgezeichnet, wie sich aus den zwei geflügelten Pferden aus Terrakotta schließen läßt, die im Museum von Tarquinia aufbewahrt werden. Aus dem Tempelareal stammen auch die lateinischen Inschriften religiösen Inhalts, die sich auf etruskisch-religiöse Magistrate (Amtspersonen, Richter) beziehen.

Nicht weit vom Tempel entfernt befinden sich Reste einer Stadtmauer aus dem 6. Jh. v. Chr. und eines rechteckigen Gebäudes aus archaischer Zeit sowie weitere Reste einer Mauer aus dem 3. – 2. Jh. v. Chr.

Zahlreiche Nekropolen liegen rund um das städtische Gebiet, die umfangreichste mit den wichtigsten Gräbern ist die von Monterozzi, südöstlich der heutigen Stadt (ausgehend vom Museo Nazionale di Palazzo Vitelleschi) gelegen. In der Nekropole gibt es eine große Anzahl von bemalten Kammergräbern aus archaischer Zeit, die das größte Erbe der antiken Malerei darstellen, die wir kennen.

Die Gräber sind vollständig in den Fels gehauen und haben meistens einen einfachen Grundriß, der aus einem oder zwei rechteckigen Räumen besteht mit gerader Decke oder zwei abfallenden Seiten. Ursprünglich waren sie vermutlich durch kleine Tumuli gekennzeichnet, die die Bauern der nachfolgenden Epochen gänzlich eingeebnet haben.

Die bemalten Gräber haben aufgrund besonders charakteristischer Elemente ihrer Malerei ihre Namen erhalten:

Tomba dei Tori: das älteste bemalte Grab der Nekropole (etwa 550 v. Chr.) ist das einzige, das die Darstellung einer mythologischen Szene zeigt (Achilles lauert Troilos auf).

Tomba degli Auguri (etwa 530 v. Chr.): zeigt in lebhafter Form die Rituale und Spiele, die zur Begräbniszeremonie dienten.

Tomba della Caccia e della Pesca (etwa 530 v. Chr.): Die Malerei zeigt in eindringlicher Art Szenen der Vogeljagd mit der Schleuder.

Tomba dei Leopardi (etwa 470 v. Chr.): mit Tafelszenen, ist gekennzeichnet durch seine besonders lebhaften Farben und eine Decke mit zwei abfallenden Seiten, die im Schachbrettmuster bemalt ist.

Außerdem können die Gräber "Tomba delle Leonesse" (520 v. Chr.), "Tomba dei Giocolieri" (520 v. Chr.), "Tomba del Barone" (500 v. Chr.), "Tomba del Cacciatore" (500 v. Chr.) besichtigt werden.

Unter den Gräbern aus hellenistischer Zeit sind besonders bemerkenswert "Tomba dell' Orco": Bankettszenen mit Höllendämonen; "Tomba del Tifone" (2. Jh. v. Chr.): auf einer Säule sind einige geflügelte Monster mit Schlangenkörpern dargestellt, und "Tomba Giglioli" ist mit einem Fries von Schilden und anderen Waffen entlang der Wände bemalt (3. Jh. v. Chr.).

Unter den älteren, nicht bemalten Gräbern sind neben den zahlreichen Begräbnisstätten aus der Villanova-Zeit beachtenswert: Tomba di Bocchoris, in dem man nicht nur große Impasto-Vasen und andere Keramik fand, sondern auch ein kleines phoenizisches Gefäß aus grüner Majolika, das den Siegel des ägyptischen Pharaos Bocchoris trägt, der etwa um

720 – 717 v. Chr. regierte. Dieser Fund hat es ermöglicht, das Grab und andere Gegenstände genau zu datieren. Das Museo Nazionale Archeologico di Palazzo Vitelleschi (Öffnungszeiten: Winter 10 – 16 Uhr, sonntags 11 – 16 Uhr; Sommer 9 – 13 Uhr, 16 – 19 Uhr, montags geschlossen) zeigt Funde der hellenistischen Epoche aus den Gräbern von Tarquinia. Besonders beachtenswert ein Impasto-Kandelaber in Baumform und bikonische Urnen mit einem Helm, außerdem verschiedene Askoi und zahlreiche rot- und schwarzfigurige griechische Vasen, einige von höchster Qualität. Eigentümlich eine kleine bemalte Urne (6. Jh. v. Chr.) und die nur in Tarquinia gefundenen großen treppenförmigen Platten, die als Ab-

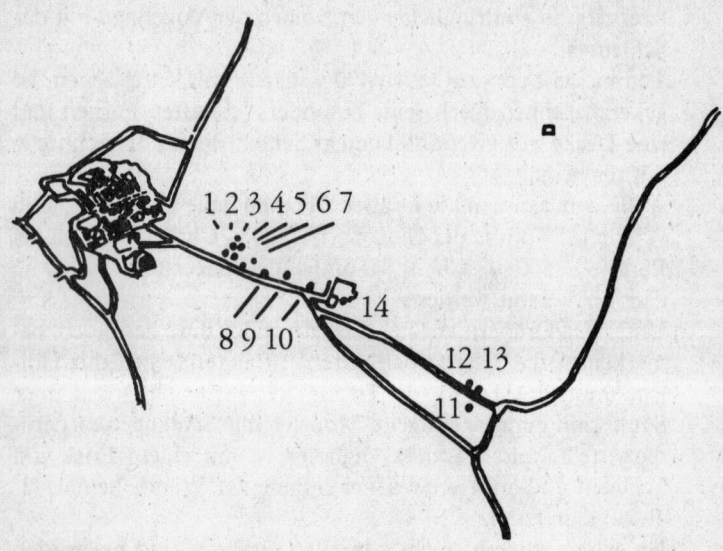

Plan der archäologischen Zone von Tarquinia:
1 Tomba della Caccia e della Pesca - 2 Tomba dei Giocolieri - 3 Tomba del Guerriero; - 4 Tomba Cardarelli - 5 Tomba dei Caronti - 6 Tomba delle Leonesse - 7 Tomba della Pulzella - 8 Tomba dei Leopardi - 9 Tomba del Tifone - 10 Tomba degli Scudi - 11 Tomba degli Auguri - 12 Tomba dei Tori - 13 Tomba del Barone - 14 Tomba dell'Orco.

deckplatten für kleine Gräber dienten und mit Basrelief verziert waren, die in Zopfrahmen eingeschlossen sind (6. Jh. v. Chr.).

In einem Museumsraum sind, um den schnellen Verfall der Malerei zu vermeiden, einige bemalte Kammergräber aufgebaut (Tombe delle Olimpiadi, delle Bighe, del Triclinio, del Letto funebre, della Nave, della Scrofa nera).

Eine umfangreiche Stein- und Terrakotta-Sarkophag-Sammlung stammt aus hellenistischer Zeit und kommt z. T. aus Tuscania. Unter ihnen sticht der Kalkstein-Sarkophag von Velthur Partinus hervor; auf dem Deckel ist der Verstorbene dargestellt. Er hält in der Hand ein Täfelchen mit einer langen Inschrift, das sein "Curriculum vitae" darstellt (Ende 4. Jh. v. Chr.). Bemerkenswert ist auch der Sarkophag "Obeso" aus der gleichen Zeit.

TUSCANIA

7-B2

[AA] ETRURIA MERIDIONALE
Ex Chiesa di S. Leonardo
Tel. 0761/43038
⇥ ✕ AL GALLO
Via del Gallo 24
Tel. 0761/435028
✕ DEI BUTTERI
Sulla via per Tarquinia
Tel. 0761/435227

✦ FIORA
A Montalto di Castro
Via della Marina
Tel. 0766/820060

Tuscania liegt auf einer Tuffsteinanhöhe und war bereits in villanovanischer Zeit ein florierendes Zentrum dank der fruchtbaren Erde dieses Gebietes; in hellenistischer Zeit erreichte es seine höchste Blüte als Handels- und Tauschzentrum mit den Gebieten von Cerveteri und Tarquinia.

Die antike Siedlung lag auf den Hügeln von San Pietro und Rivellino. Von ihr fand man jedoch nur wenige Spuren.

Im Palazzo Vescoville findet man einige hellenistische Sarkophage, einige andere in der romanischen Kirche S. Pietro. In der Piazza Basile liegen auf den Hofmauern Sarkophag-Deckel.

Vor allem im Maschiolo-Tal im Nordosten der Stadt und im Süden nahe der Kirche Madonna dell' Olivo liegen die zahlreichen Nekropolen aus dem 7. bis 1. Jh. v. Chr. Hier trifft man praktisch auf alle etruskischen Grabtypen. Sehr interessant ist das Grab in Hausform in der Peschiera-Nekropole (Maschiolo-Tal) aus dem 6. Jh. v. Chr., das sehr gut restauriert ist, und außerdem viele Kammer- und Würfelgräber. Bei der Kirche Madonna dell' Olivo liegt Tomba della Regina, das auf zwei verschiedenen Ebenen viele unterirdische Gänge hat, die alle durch einen mit Säulen gestützten Zentralraum miteinander verbunden sind. Vielleicht war hier, außer einer Begräbnisstätte, auch eine Kultstätte.

Tuscania stellte in hellenistischer Zeit vor allem Stein- und Ton-Sarkophage her, mit der liegenden Abbildung des Verstorbenen auf dem Deckel, die Kassette wurde oft mit mythologischen Szenen verziert. Vor allem die Sarkophage aus Terrakotta sind zum Teil sehr eindringlich und charakteristisch für die schnelle Modellierung in Lehm.

Nach dem Erdbeben von 1971, das die halbe Stadt zerstörte, sind die Funde, die im Museum Tuscania lagen, nach Tarquinia und Viterbo gebracht worden.

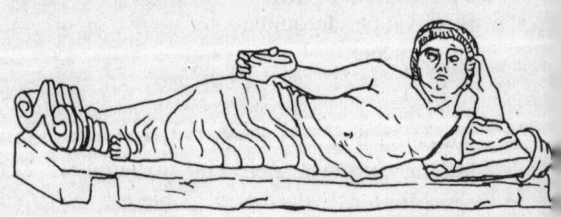

Sarkophag-Deckel
aus Terrakotta

TREVIGNANO ROMANO

7-C3

⌨ LAGO DI BRACCIANO
a Bracciano
Via Principe di Napoli 9
Tel. 06/9024451

⇌ DEGLI ETRUSCHI
a Manziana, Via Roma 101
Tel. 06/9026082

⇌ SELENE
a Bracciano strada per Roma
km. 2, Tel. 06/9024264

⇌ DELLA POSTA
a Bracciano
Via Agostino Fanti 29
Tel. 06/9024264

✕ CASINA DEL LAGO
a Bracciano
Tel. 06/9024025
(Montag geschlossen)

▲ ACQUARELLA
Località Acquarella,
Strada per Anguillara km 6,2
Tel. 06/9019603

Vermutlich handelt es sich um das etruskische Hauptzentrum im Gebiet des Bracciano-Sees. Sein antiker Name war Sabate, und in der Umgebung fand man zahlreiche Pozzo-, Fossa- und Kammergräber, die auf die klassischen Gräbertypen Caeres zurückgeführt werden können. Die schönsten befinden sich im Areal Olivatello. Berühmt ist das Tomba dei Flabelli (7. Jh. v. Chr.), in dem man einen trapezförmigen Bronzefächer fand (7 x 42 cm) und Schmuck, Silber, Messer, ein Paar Sandalen und Bucchero-Keramik. Diese Funde kann man im Palazzo Comunale ansehen.

8-A4

Praktische Hinweise s. Rom

Alte Quellen behaupten, daß Veji (die südlichste Stadt des Dodekapolis) die reichste und mächtigste Stadt Etruriens und so groß wie Athen war. Trotz ihrer großen Macht ist dies jedoch zu bezweifeln.

Veji lag auf einem dreieckigen steilen Hochplateau. Die Stadt beherrschte vom rechtsufrigen Tiber bis zum Bracciano-See und Capena ein weites fruchtbares Gebiet. Veji lag im dauernden Streit mit Rom.

Die von einer aus Tuffsteinblöcken gebauten Mauer umgebene etruskische Stadt hatte zehn Stadttore (beachtenswerte Überreste rund um Porta Capena). Um das antike Stadtareal zu erreichen, geht man das Sträßchen, das am Friedhof Isola Farnese entlang aus dem Tal Piordo hinaufführt, überquert das Bächlein nahe bei den Wasserfällen "Cascata della Mola" und erreicht dann die Überreste des Portonaccio-Tempels, der Menvra (Minerva) geweiht ist. Der Tempel wurde um 500 v. Chr. beendet und wurde trotz verschiedener Zerstörungen bis Ende des 1. Jh. v. Chr. benutzt. Von dem Tempel sind nur noch ein paar Schichten Tuffstein vorhanden: Die am besten erhaltene Mauer ist die nördliche; links sind zwei Kanäle: der eine diente, um eine Zisterne, der andere, um ein großes Becken (5,43 x 18,25 m, sehr gut erhalten) zu füllen, das vermutlich zu Kulthandlungen diente.

Mit der südlichen Seite dieses Beckens endete der spätarchaische Tempel, dessen Grundriß heute nicht mehr nachvollziehbar ist. Vermutlich stand er auf einem Podium mit einer vorderen Aufgangstreppe.

Die Innenwände waren wahrscheinlich mit bemalten Verkleidungsplatten aus Terrakotta geschmückt, ähnlich wie in Cerveteri. Der First des Tempels war mit einer Reihe von Groß-

Antefix mit Gorgonengesicht

plastiken (fast 2 m hoch) verziert. Teile dieser Großplastiken wurden im Bereich des Tempels gefunden.

Am besten erhalten ist die Apollo-Statue, die zusammen mit der Herakles-Statue (nur noch Fragmente) den griechischen Mythos um den Kampf der Hirschkuh darstellte. Von den anderen Akrotèren sind nur ein herrlicher Hermes-Kopf und eines, das für Latona mit dem kleinen Apollo gehalten wird, gefunden worden.

Die Tonschmuckplatten des Portonaccio-Tempels (Ende 6. Jh. v. Chr.) verkörpern die höchste Bildhauerkunst der Etrusker, Werke einer Koroplastikwerkstatt, die sehr von der ionischen Kunst beeinflußt war. Sie werden Vulca, dem einzigen uns namentlich bekannten etruskischen Künstler, zugeschrieben.

Die Skulpturen des Portonaccio-Tempels werden in Rom, Villa Giulia, aufbewahrt.

Nahe der Porta di Cere gab es ein weiteres spätarchaisches Heiligtum; und in nord-westlichem Gebiet der Porta hat man Reste etruskischer Häuser gefunden.

Die Akropolis lag in der heutigen Piazza d'Armi, wo man noch Reste der Stadtmauer, eines Stadttores, Fundamente einfacher Häuser und die Grundmauern eines Tempels mit einer Holzsäule in der Mitte fand.

Die Nekropolen sind über die ganze Hochebene verstreut. In Grotta Gramiccia, Casale del Fosso findet man Grabreste aus der Villanova-Epoche wie auch aus späterer Zeit, vom Pozzograb und Fossagrab bis zu — wenn auch sehr einfachen — in Tuff gehauenen Kammergräbern (fast immer mit nur einer Grabstätte).

Das Tomba delle Anatre (= Ente) in der Riserva del Bagno-Nekropole, an der Straße, die nach Formello führt, mit einer rechteckigen Kammer und einem aus Tuffstein gehauenen Totenlager, hat seine Wände in der unteren Hälfte rot und in der oberen gelb bemalt; an der dem Eingang gegenüberliegenden Wand spazieren zwei gelbe und drei rote Enten über einen rot-gelb-schwarzen Streifen.

Das Tomba Campana in der Monte-Michele-Nekropole im Norden der Stadt mit einem Tumulus und zwei in den Tuffstein gehauenen Begräbniskammern. Die eine Wand der größeren Kammer war mit menschlichen Figuren und ziemlich stilisierten Tieren nach dem Geschmack der spätorientalisierenden Phase bemalt (Ende 7. Jh. v. Chr.). Leider sind die Malereien sehr verblaßt. Im Gebiet von Veji wurden Reste einer Kanalisation, die das Ackerland entwässerte, aus vorrömischer Zeit gefunden.

VETULONIA

3-B5

Castiglione della Pescaia
[AA] Piazza Garibaldi
Tel. 0564/53678
🛏 MIRAMARE
sulla strada per Follonica
Tel. 0564/53524
🛏 BRISTOL
al porto
Tel. 0564/53808
🛏 ANFORA
Tel. 0564/53837
✕ DA ROMOLO
Corso della Libertà 10
Tel. 0564/53533
⋏ MARYSTELLA Via delle
Rocchette
⋏ INTERNAZIONALE
ETRURIA
Loc. Le Marze
SS. 322, km 26.5

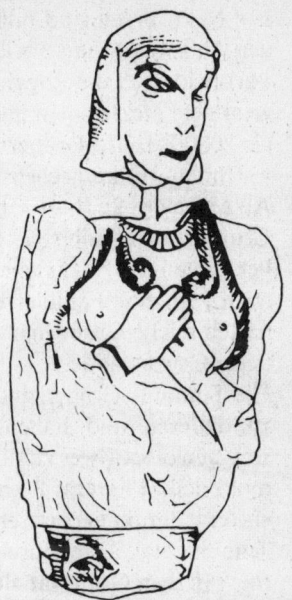

Fragmente einer Statue
aus dem Tumulus della Pietrera
(7. Jh. v. Chr.)

Vetulonia war vor allem während der orientalisierenden Epoche eine der reichsten etruskischen Städte; es beherrschte ein weiträumiges Gebiet von den Metallifere-Hügeln bis zur Küste, wo heute Castiglione della Pescaia liegt: ein fruchtbares Land, das reich an Mineralien war. Vetulonia war auch für seine Handwerkskunst berühmt, besonders die der Metallverarbeitung (Bronze und Schmuck).
Die Stadt lag erhöht, und außer der Stadtmauer — fast 5 km lang — (4. – 3. Jh. v. Chr.) kennt man von der antiken Siedlung eine gepflasterte Straße und einige Hausfundamente aus hellenistischer Zeit. Von einer älteren Stadtmauer (6. Jh. v. Chr.) sieht man nur ein kleines Stück im Kastell des heutigen Dorfes.

Die Nekropolen sind relativ umfangreich und vor allem aus der Villanova- und orientalisierenden Epoche. Die Colle Baroncio- und die Poggio delle Guardia-Nekropole und einige andere Nekropolen nahe der Stadt haben zusammen mehr als 2000 Pozetto-Gräber aus der Zeit zwischen 9. und 3. Jh. v. Chr. mit bikonischen Urnen oder Urnen in Hüttenform. Ab Mitte des 8. Jh. v. Chr. treten die Pozzetto-Gräber oft in Gruppen innerhalb eines Steinkreises auf (auch Steinkreisgräber genannt). Wahrscheinlich wurden diese "Circoli" benutzt, um eine Familie zu vereinigen. Manche dieser Gräber hatten reiche Grabbeigaben, und man fand hier auch importierte Gegenstände.

Die Tumulus-Gräber sind ab der 2. Hälfte des 7. Jh. v. Chr. zu datieren und haben quadratische Kammergräber und Kraggewölbe. Zwei von ihnen können besichtigt werden. Tumulo della Pietrera, 3 km in Richtung Nordosten vom Dorf entfernt, imponiert durch seine kolossalen Dimensionen, der Tumulus hat 70 m Durchmesser und einen großartigen Dromos. In dem Grab war eine runde Kammer mit Kraggewölbe, das vermutlich kurz nach der Fertigstellung einstürzte. Daraufhin schüttete man es zu und errichtete genau darüber eine rechteckige Kammer.

Beide Grabkammern kann man heute besichtigen. Aus diesem Grab stammen einige Bruchstücke von Rundplastiken aus Kalkstein, die für die ältesten Beispiele der etruskischen Großplastik gehalten und heute im Museo Archeologico in Florenz aufbewahrt werden.

Nicht weit entfernt liegt der Tumulo del Diavolino II. Der nahebei gelegene Tumulo del Diavolino I wurde abgetragen und im Garten des Museo Archeologico in Florenz wieder aufgebaut. In diesem Museum befinden sich auch alle Grabungsfunde.

Die Bronzeherstellung erreichte in Vetulonia beachtliche künstlerische Ergebnisse. Typisch sind die orientalisch beeinflußten Lebete mit Tierprotomen und Lotosblumenornamenten und die Kandelaber, die mit gegossenen Figuren verziert sind, sowie auch viele Gebrauchsgegenstände: Waffen, Fibeln, Pferdekandelaber, Gefäße etc..

Der Goldschmuck ist granuliert und filigriert: Armbänder, Fibeln mit verlängertem Fuß und Anstecknadeln.

In der Schule von Vetulonia befindet sich ein kleines Antiquarium, das Funde aus der Villanova-, etruskischen und römischen Zeit und Fotografien und Planskizzen von den archäologischen Zonen zeigt.

VITERBO

7-C2

EPT Piazza dei Caduti 16
Tel. 0761/31073
⇥ BELLETTI PARK
HOTEL
a S. Martino al Cimino
Tel. 0761/29777
⇥ MINI PALACE
Via S. Maria Grottcella
Tel. 0761/39742
⇥ LEON D'ORO
Via Cava 36, Tel. 0761/31012

✕ AQUILANTI
Loc. Madonna della Quercia
Tel. 0761/31701
(Dienstag geschlossen)
✕ SCALETTA
Via Marconi 35
Tel. 0761/30003
⛰ AMALASUNTA,
a Montefiascone
(a 22 km.) Loc. Prato Roncone
Via. Lago, Tel. 0761/85294

In Viterbo findet man nur wenige Überreste von der Stadtmauer aus etruskischer Zeit, die sich in der Nähe des Palazzo Papale befinden. Der die etruskische Kunst suchende Besucher muß sich ins Stadtmuseum begeben (Museo Civico; Öffnungszeiten: Sommer 8.30 – 14.30 Uhr, Winter 9 – 16 Uhr, feiertags 9 – 13 Uhr, montags geschlossen). Hier gibt es im Erdgeschoß die archäologische Abteilung, die verschiedene Geräte aus den Nekropolen von Viterbo zeigt, hauptsächlich

Terrakotta-Keramik und Skulpturen, Sarkophage, Cippen und steinerne Löwen aus hellenistischer Zeit (aus Norchia und Ferento).

VOLTERRA

3-B3

EPT Piazza dei Priori 8
Tel. 0588/86150
NAZONALE
Via dei Marchesi 2
Tel. 0588/86284

ETRURIA
Via Matteotti 32
Tel. 0588/87377
✕ IL PORCELLINO
Vicolo delle Prigioni 18
(Samstag geschlossen)
Tel. 0588/86064

Volterra war eine der wichtigsten Städte Etruriens und bereits in der Villanova-Zeit besiedelt. Die Stadt erreichte ihre Blüte zwischen dem 4. und 2. Jh. v. Chr.; sie war ein reiches Kunsthandwerkszentrum. Rotfigurige Vasen (v.a. Kolonnen-Krater), schwarzglasierte Keramik und Aschenurnen aus Alabaster. Die Stadt war das politische Zentrum für ein großes Einzugsgebiet und lebte hauptsächlich von der Landwirtschaft; eine Zeitlang hatte sie sogar eine eigene Münzprägung. Zeugnis ihrer Macht sind heute noch die großzügige und mächtige Stadtmauer und die Reste der Akropolis. Im 1. Jh. v. Chr. wurde sie von den Römern nach einer langen Belagerungszeit eingenommen.

Den Besuch in Volterra beginnt man auf der Akropolis, wo zwei Tempelreste aus dem 2. Jh. v. Chr. und Gebäudereste mit einer Zisterne aus früherer Zeit zu sehen sind. Nicht weit entfernt liegt auch die ungewöhnliche Zisterne aus augusteischer Zeit. Vom Verteidigungssystem der Stadt, das aus in

Urne aus Tuffstein
(4. Jh. v. Chr.)

drei aufeinandergefolgenden Epochen gebauten Mauern besteht, kann man einige gut erhaltene Reste im Gebiet Pescaia und Berniona sehen und auch zwei Stadttore. Das eine, Porta dell' Arco, hat noch die originalen Seitenmauern (4. Jh. v. Chr.), während das Tonnengewölbe mit den drei Steinköpfen an der Außenwölbung aus römischer Zeit ist.
Das zweite Stadttor heißt Porta Diana (oder Portone).
Zahlreich sind die Nekropolen mit großen Hypogäum-Gräbern (Badia, Portone, Ulimeto), die recht bedeutende Grabbeigaben enthielten. Das Grab, das man am einfachsten erreichen kann, liegt in der Nähe der eindrucksvollen Kirche S. Giusto, ein Kammergrab mit einem Dromos und vier Kammern, die durch ein Vestibül verbunden sind.
Das Museo Guarnacci (via Don Minzoni 15, Öffnungszeiten: 9 – 13 Uhr, 15 – 18 Uhr im Sommer; 14.30 – 16.30 im Winter, feiertags 9.30 – 13 Uhr) konserviert die archäologischen Funde aus dem Gebiet von Volterra. Hervorzuheben sind die

Rekonstruktionen der Begräbnisstätten aus der Villanova-Zeit (Ziro-Gräber) mit Grabbeigaben, und die Stele des Avle Tite (6. Jh. v. Chr.). Ebenfalls beachtenswert sind die stilisierte Bronzestatuette aus hellenistischer Zeit, "Ombra della sera" genannt, und die umfangreiche und eindrucksvolle Aschenurnen-Sammlung aus Stein und Alabaster aus dem 4. – 2. Jh. v. Chr.

VULCI

7-A2

AA a Montalto di Castro
Via Aurelia Vecchia
Tel. 0766/89207
VULCI
Via Aurelia km. 111
Tel. 0766/89065
MOTEL AGIP
Via Aurelia, km. 108
verso Roma

Tonmodell eines
Tempels

In der orientalisierenden und archaischen Periode war Vulci eine der wichtigsten etrurischen Städte. Die Stadt lag mitten in einem fruchtbaren Land und günstig zu den Bergwerken des Amiata-Berges. In hellenistischer und spätrömischer Zeit verlor es allmählich seine Bedeutung und wurde schließlich ganz verlassen. Der Besuch von Vulci lohnt vor allem wegen der eindrucksvollen Landschaft. Das bewohnte Zentrum lag auf einer mit einer Mauer geschützten Hochebene (4. Jh. v. Chr.), von der noch Reste zu sehen sind. Man betritt im Westen die antike Stadt, wo man auf den gepflasterten Dekumanus aus römischer Zeit trifft.

Die Ausgrabungen brachten die Reste eines großen Tempels mit leider nicht mehr klar erkennbarem Grundriß ans Tageslicht. Das Gebäude ist aus dem 4. Jh. v. Chr., wurde aber in der darauffolgenden Epoche verändert. Sehr viel auffälliger sind die Reste zweier römischer Villen aus der republikanischen Zeit (1. Jh. v. Chr.) mit schönen schwarzweißen Fußbodenmosaiken.

Die Vulci-Nekropolen liegen rund um die Stadt, vor allem im Areal Cavalupo und Ponterotto im Osten. Nur wenige der über tausend Gräber, die im Laufe der Jahrhunderte ausgegraben wurden, kann man heute besichtigen.

Das Tomba Francois, zwischen Cavalupo und Ponterotto gelegen, hat einen langen Dromos, der zu einem T-förmigen Vestibül führt, in dem sich die Eingänge zu sieben Kammern öffnen.

Das Vestibül war mit Malereien aus dem späten 6. Jh. v. Chr. geschmückt, die heute in Rom in der Villa Albani hängen. Sie stellen das beste Beispiel der etruskischen Malerei aus hellenistischer Zeit dar, die wir kennen.

Nahe bei Tomba Francois sind die Tomba dei due Ingressi (3. Jh. v. Chr.), das Tomba dei Tutes (3. Jh. v. Chr.) und das Tomba delle Iscrizioni.

Weiter südlich liegt der große Tumulus Cucunella (65 m Durchmesser), der von einer hohen Mauer umgeben ist. Er besteht aus zwei Hauptkammern mit Kraggewölbe und zwei kleineren Kammern, an den Seiten des Vestibüls, die mit Totenbänken versehen sind (6. Jh. v. Chr.). Der Tumulus ist von zahlreichen Stollen und Gängen durchzogen, die in den letzten Jahrhunderten von den Schatzgräbern, den "Tombaroli", gegraben wurden.

Vulci war ein bedeutendes Kunsthandwerkszentrum, vor allem Bronzegießerei (Kandelaber, Dreifüße, Spiegel), Goldschmuck, bemalte Keramik und Steinskulpturen. Die zahlreichen gefundenen Bruchstücke zeigen hauptsächlich Tiere (Sphinxe und Löwen) und Grabbeigaben; bemerkenswert die Sarkophage aus hellenistischer Zeit mit Relieffriesen und Darstellungen des Verstorbenen auf dem Deckel. Seit Ende des 19. Jh. sind die Stadt und die Nekropolen das Ziel unzähliger Plünderer gewesen. Deshalb sind die Fundstücke aus Vulci auf der ganzen Welt in vielen Museen verstreut. Bei der Badia-Brücke im Hof des Kastells befindet sich ein schönes Antiquarium (Öffnungszeiten: Sommer 9 – 13 Uhr, 15 – 19 Uhr, Winter 10 – 16 Uhr, montags geschlossen), das Fundstücke aus der Gegend zeigt.

Kanope (Aschenurne aus Keramik)

GLOSSAR

Aedikula: Ein Altar oder Grab in Form eines kleinen Hauses

Akropolis: Höchstgelegener Teil der Stadt, Ort der Kultstätten

Akrotèr: Bekrönungsschmuck in der Mitte und an den Seiten des Giebeldaches

Alabaster: Eine Art farbige Kreide, weiß oder rötlich, ziemlich hart und durchscheinend

Amphore: Gefäß mit zwei Henkeln; zur Aufbewahrung und zum Transport von Flüssigkeiten

Antefix: Stirnziegel, der die halbrunden Tonröhren, die die Fugen zwischen den Dachziegeln bedecken, abschließt

Antepagmenta: Farbig bemalte oder mit Reliefarbeit verzierte Terrakotta-Platten, welche an der Außenkonstruktion etruskischer Tempel befestigt waren

Ars fulguratoria: Die Kunst, durch das Beobachten der Blitze, ihres Aussehens und der Stellung am Himmel den göttlichen Willen zu erkennen

Askos: Häufig in Tierform ausgebildetes Schlauchgefäß (s. Anhang Keramik)

Astarte: Fruchtbarkeitsgöttin der phönizischen Religion, ähnlich der etruskischen Göttin Uni, wie aus den Goldblechen von Pyrgi hervorgeht

Auspizium: Interpretation des göttlichen Willens durch Beobachten des Vogelflugs

Bernstein: Fossiles Harz, gelb oder braun, das zur Herstellung von Perlen oder anderen kleinen Gegenständen verwendet wurde. Ein typisches Produkt des Baltikums.

Brakteat: Verziertes Metallblech (oft aus Gold) in Münzform, als Schmuck an Kleidern festgemacht

Bronze: Metallegierung aus Zinn und Kupfer

Bucchero: Schwarze, manchmal auch rote etruskische Keramik mit glänzender Oberfläche, im Frühstadium dünnwandig und fein (sottile), später schwer und dickwandig (pesante) 7. bis 5. Jh. v. Chr.

Bulla: Kleine Amulettkapsel, die an einem Band um den Hals von freigeborenen Kindern getragen wurde

Cardo: Nach Hippodamus Hauptstraße der Stadt in Nord-Süd-Richtung, siehe Dekumanus

Cella: Hauptraum des Tempels, in dem das Kultbild der Gottheit stand

Cippus: Steinmal auf einem Grab

Dädalische Kunst: Früharchaischer Stil, der Überlieferung nach von Daidalus erfunden

Dekumanus: Ost-West-Achse einer Stadt nach dem Städteplan des Hippodamus

Disciplina Etrusca: Die Gesamtheit aller Kultvorschriften, von den Begräbnisriten über Stadtgründungen und Tempelbau bis zur Interpretation des göttlichen Willens

Dolio: Großes bauchiges Gefäß

Dromos: Offener oder gedeckter Zugangskorridor zu Kammergräbern

Filigran: Fadenauflage aus Gold- oder Silberdraht

Granulierung: Winzige Goldkugeln werden auf einer Unterlage aus Goldblech aufgetragen

Haruspex: Seher (Priester), der die rituelle Beschau der Eingeweide des Opfertieres vornahm, um daraus den Willen der Götter zu deuten

Haruspizium: Wahrsagung aus den Eingeweiden

Hydria: Wassergefäß

Hypogäum: Unterirdische, gewölbte Grabanlage

Impasto: Handgeformte Keramik aus grobgeschlämmtem Ton

Kandelaber: Etruskischer mehrarmiger Bronzeleuchter auf drei Füßchen

Kanope: Aschenurne aus Keramik mit einem Deckel in Kopfform, der den Verstorbenen darstellt, typisch im Chiusigebiet (bis Anfang des 5. Jh. v. Chr.)

Katharos: Trinkgefäß

Koroplastik: Großplastik aus Terrakotta

Kraggewölbe: ''Falsches Gewölbe'' Die oberen Steinlagen

springen über den unteren vor und werden im Scheitel entweder durch einen T-förmigen Schlußstein gehalten oder mit einer Steinplatte gedeckt

Krug: Vorratsgefäß aus Terrakotta für Wein und Öl

Krater: Großes Gefäß zum Mischen von Wein

Kylix: Tasse zum Trinken

Lebete: Großes Bronzegefäß mit gerundetem Boden; auf Dreifuß oder andere Stütze gestellt

Lekytos: Salbölgefäß, häufig im Totenkult

Lisena: pfeilerartiger, wenig hervortretender Mauerstreifen ohne Kapitell und Basis

Nekropole: Totenstadt

Nenfro: Vulkanisches Gestein, das für Skulpturen und Sarkophage verwendet wurde

Oinochoe: Weingefäß

Olpe: Kanne mit flachem Boden und einem Henkel für Wein

Patera: Spendenschale

Pelike: Vorratsgefäß mit zwei Henkeln

Pendentif: Gewölbekonstruktion, um einen quadratischen Grundriß zum Kreisrund einer Kuppel überzuleiten

Peperino: Grauer Vulkanstein

Pronao: Vorhalle, der Raum vor der Cella

Protom: Menschlicher oder tierischer Oberkörper als plastischer Gefäßschmuck an Becken

Pyxis: Deckelgefäß

Rhyton: Spende- oder Trinkgefäß, ähnlich einem Trinkhorn

Situla: Eimerartiges Gefäß, meist aus Bronze

Stele: Freistehender Monolith mit Relief- oder vollplastischem Schmuck

Stipe: siehe Votiv-Schatz

Tholos: Kuppelgrab mit zylindrischem Unterbau

Toreutik: Metall-Treibarbeit

Trabeazione: Horizontales Architekturelement an Tempeln über den Säulen

Tumulus: Grabhügel

Tympanon: Giebelfeld an der Vorderseite des Tempels

Urartu: Im heutigen Armenien gelegenes Reich (9. bis 6. Jh. v. Chr.) mit wichtiger Metallproduktion

Vanth: Etruskische Totengöttin

Votiv-Schatz: Ansammlung von Weihegaben (Stipe)

Ziro: Großes handgeformtes Gefäß zum Schutz der Aschenurne

Ziste: Zylindrisches Bronzeblechgefäß für Toiletteartikel; typisch für das Gebiet von Palestrina im Lazium

Gräber: Schema der häufigsten etruskischen Grabformen

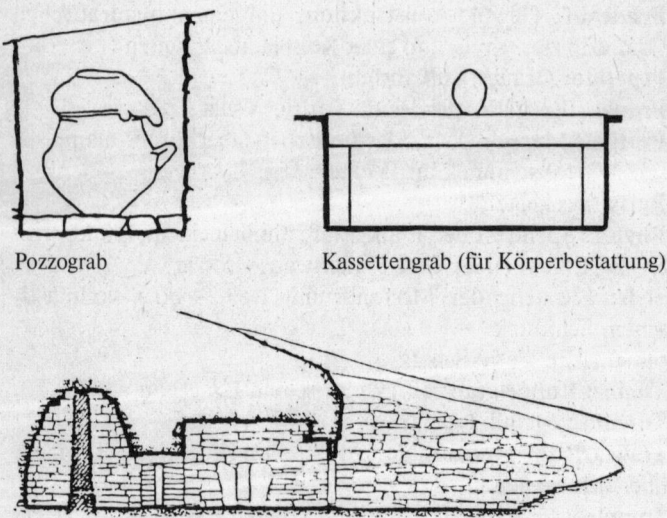

Pozzograb   Kassettengrab (für Körperbestattung)

Tholos / Kuppelgrab

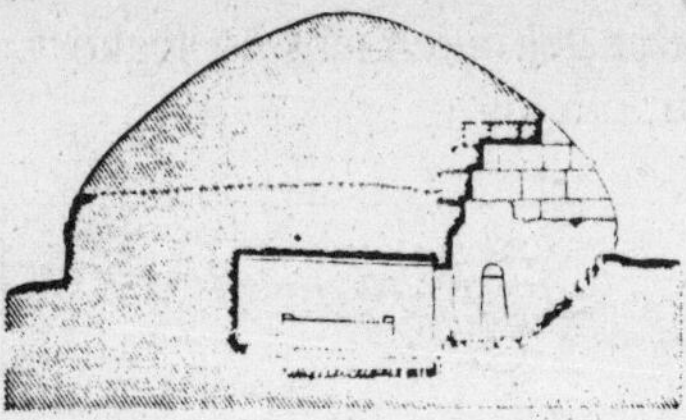

Tumulus / Hügelgrab

Aediculagrab

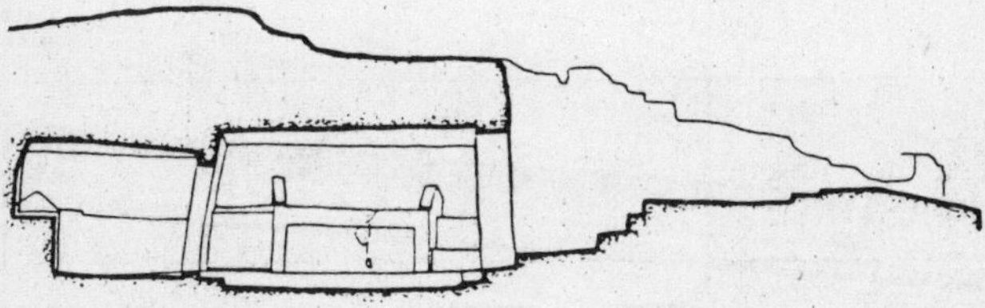

Kammergrab

Würfelgrab

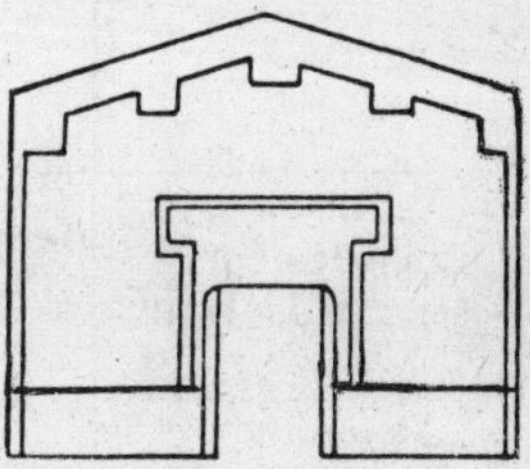

Grab mit Giebeldach

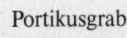

Portikusgrab

Ornamentformen: Schema der gebräuchlichsten Dekorationsformen auf der Keramik.

Schuppen	
Rosette	
gepunktete Rosette	
Mäander	
Palmette	
Palmette und sprießender Lotus	
Eierstab	
Flechtwerk	
Astragal und Perlen = Perlstab	

Griechische Keramik: Die wichtigsten Gefäßtypen aus etruskischen Grabausstattungen.

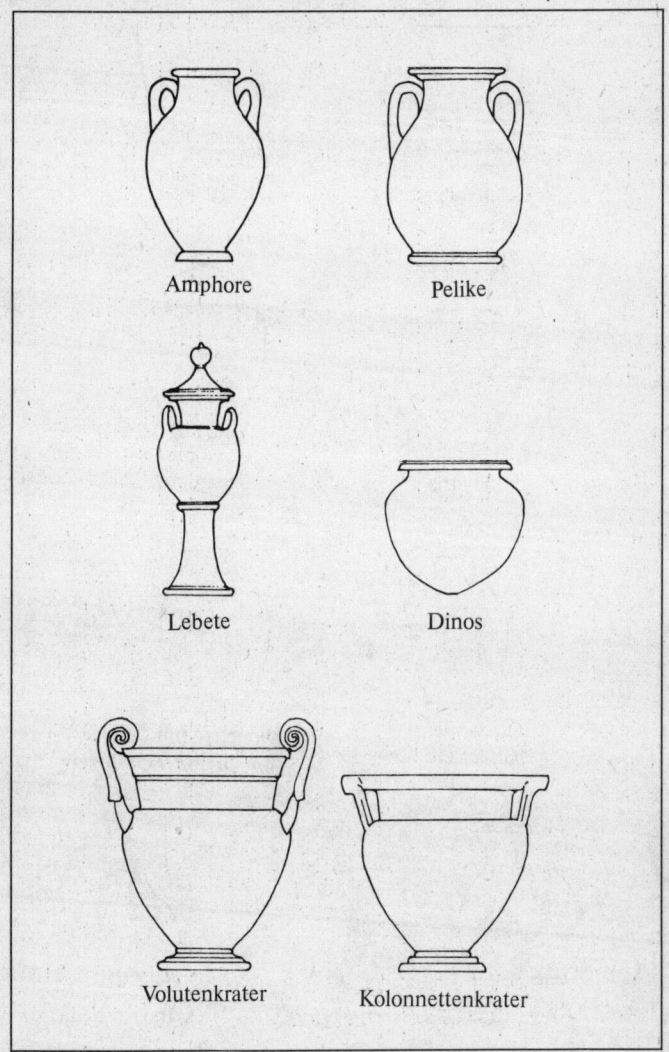

Amphore

Pelike

Lebete

Dinos

Volutenkrater

Kolonnettenkrater

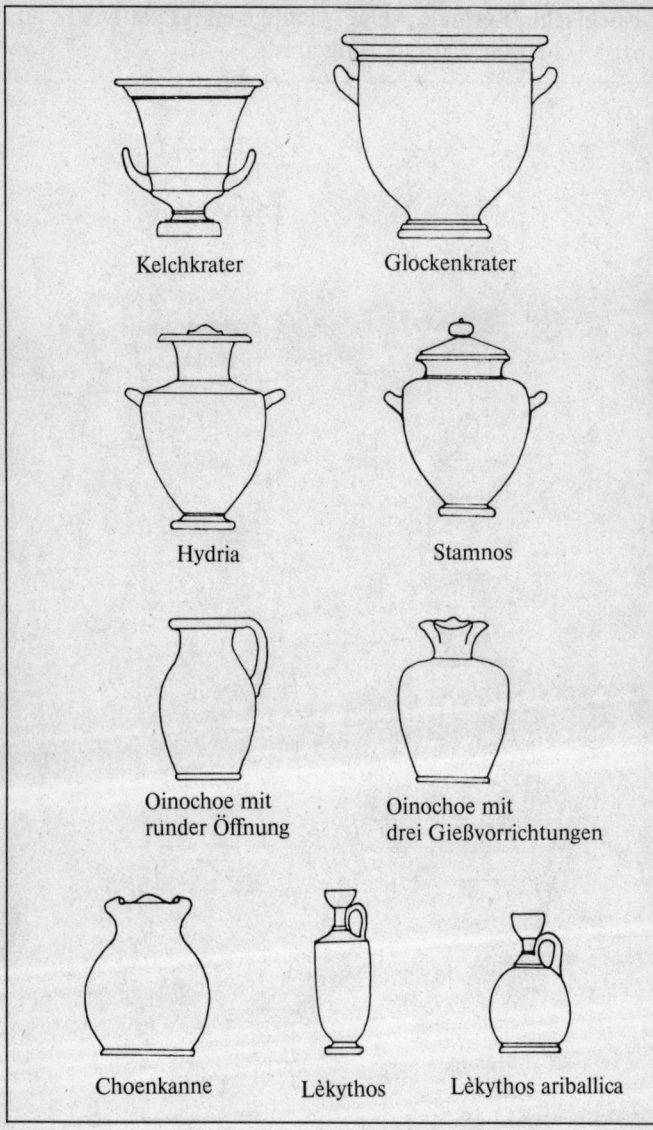

Kelchkrater

Glockenkrater

Hydria

Stamnos

Oinochoe mit
runder Öffnung

Oinochoe mit
drei Gießvorrichtungen

Choenkanne

Lèkythos

Lèkythos ariballica

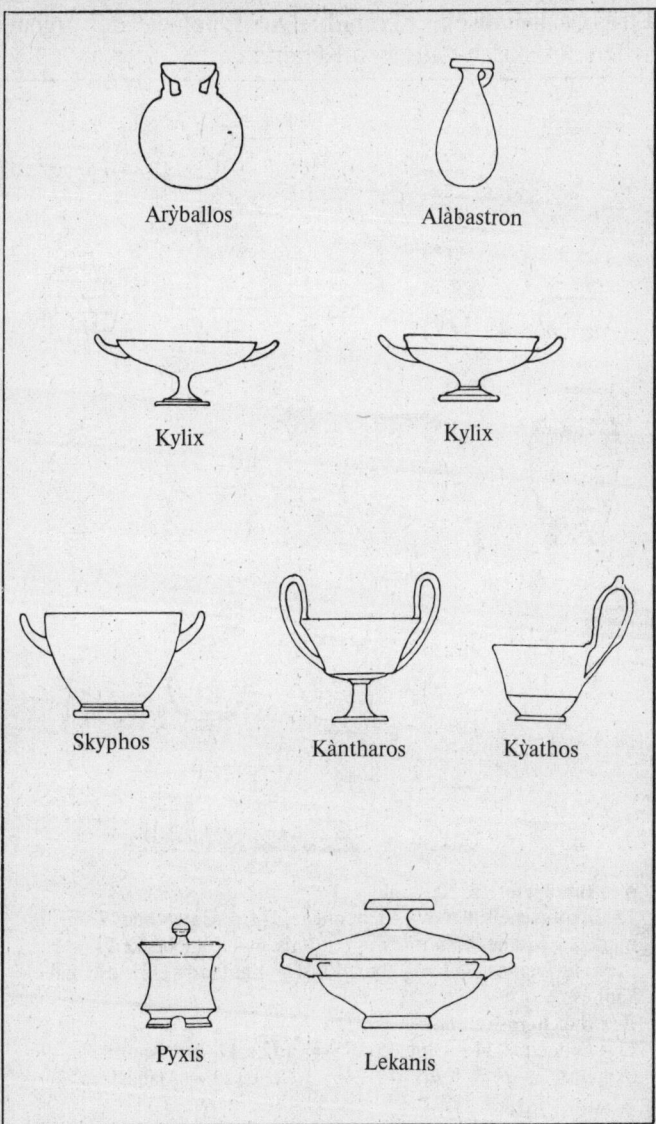

Arỳballos

Alàbastron

Kylix

Kylix

Skyphos

Kàntharos

Kỳathos

Pyxis

Lekanis

Etruskisch-italische Keramik: Die Typologie der archaischen etruskisch-italischen Keramik.

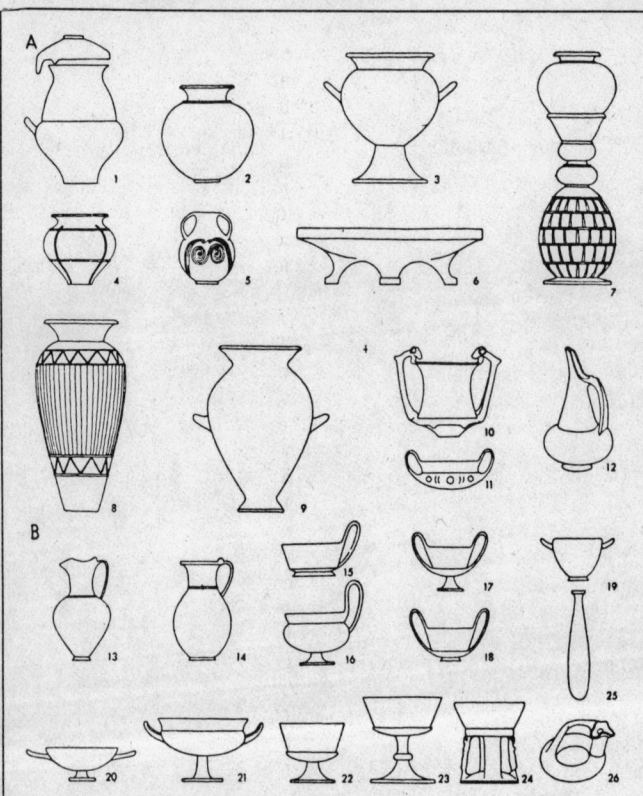

A = Handgeformte Keramik
1 = Bikonische Villanova Aschenurne, 2–4 = Krater- oder Kalpisformen, 5 = Kleine Amphore des Latiums, 6 = Kohlebecken, 7 = Holmos mit Deinos, 8–9 = Pithos, 10–11 = Kantharos, 12 = Schnabelkanne

B = Bucchero-Keramik
13 = Oinochoe, 14 = Olpe, 15–16 = Kyathos, 17–18 = Kantharos, 19 = Skyphos, 20–21 = Kylix, 22–24 = Kelche, 25 = Alabastron, 26 = Askos

ORTSVERZEICHNIS

Acquarossa 44
Adria 46
Arezzo 47
Asciano 49
Blera 49
Bologna 51
Bolsena 54
Capena 55
Capua 56
Castel d'Asso 57
Castellina in C. 58
Ceri 59
Cerveteri / Cervetri 60
Chiusi 65
Civita Castellana 67
Cortona 69
Ferrara 71
Fiesole 73
Florenz / Firenze 74
Grosseto 80
Grotta Porcina 81
Luni sul Mignone 81
Magliano in T. 82
Mantova / Bagnolo S Vito 83
Marsiliana d'Albegua 84
Marzabotto 85
Monterenzio 88
Monti della Tolfa 89
Murlo / Poggio C. 90

Narce 92
Norchia 92
Orbetello 95
Orvieto 96
Perugia 99
Pitigliano 102
Poggio Buco 103
Pontecagnano 104
Populonia 105
Pyrgi 107
Rom / Roma 109
Roselle 118
S. Giovenale 120
S. Giuliano 121
Saturnia 123
Sorano 124
Sovana 124
S. Marinella 126
Siena 127
Spina 129
Talamone 130
Tarquinia 131
Tuscania 135
Trevignano R. 137
Veji / Veio 138
Vetulonia 141
Viterbo 143
Volterra 144
Vulci 146

5,—

Urlaub als Kulturerlebnis

**Egloffstein, Albrecht Graf von und zu:
Burgen und Schlösser in Oberfranken**
400 S. mit 124 Abb.
Band 4406

**Fleck, Walther-Gerd:
Burgen und Schlösser in Nord-Württemberg**
320 S. mit zahlr. z. T. farb. Abb. Band 4404

**Hawel, Peter:
Klöster**
216 S. mit zahlr. z. T. farb. Abb. Band 3685

**Hüttl, Ludwig:
Schlösser**
216 S. mit zahlr. z. T. farb. Abb. Band 3686

**Kracht, August:
Burgen und Schlösser im Sauerland, Siegerland und an der Ruhr**
326 S. mit 124 Abb.
Band 4410

**Meyer, Werner:
Burgen**
Wie sie wurden, wie sie aussahen und wie man in ihnen lebte.
216 S. mit zahlr. z. T. farb. Abb. Band 3684

**Meyer, Werner:
Burgen und Schlösser in Bayerisch Schwaben**
256 S. mit 130 Abb. u.
18 S. Register
Band 4407

Knaur Ⓚ
Reisen in Europa — Ludwig Hüttl
Schlösser
Wie sie wurden, wie sie aussahen und wie man in ihnen lebte.
Mit 76 Abbildungen

Originalausgabe

**Rumohr, Henning von:
Schlösser und Herrenhäuser im Herzogtum Schleswig**
432 S. mit 150 Abb.
Band 4412

**Stein, Günter:
Burgen und Schlösser in der Pfalz**
320 S. mit 95 Abb. u.
17 Seiten Register.
Band 4405

**Morton, H. V.:
England**
240 S. Band 4606

**Morton, H. V.:
Toskana und Umbrien**
176 S. Band 3681

**Morton, H. V.:
Die Lombardei**
175 S. Band 3683

**Morton, H. V.:
Rom**
352 S. Band 3655

**Morton, H. V.:
Spanien**
Wanderungen durch Vergangenheit und Gegenwart.
352 S. Band 3656

**Morton, H. V.:
Süditalien**
336 S. Band 4607

**Morton, H. V.:
Venetien und die Emilia Romagna**
176 S. Band 3682

Knaur
**H. V. Morton
Süd-
Italien**
Wanderungen durch Vergangenheit und Gegenwart